E. D'AVESNE

DEVANT L'ENNEMI

V. PALMÉ ÉDITEUR
PARIS RUE DES Sts PÈRES 76

DEVANT L'ENNEMI

PARIS. — IMPRIMERIE ÉMILE MARTINET, RUE MIGNON, 2.

E. D'AVESNE

DEVANT L'ENNEMI

V. PALMÉ ÉDITEUR
PARIS RUE DES Sts PÈRES : 76

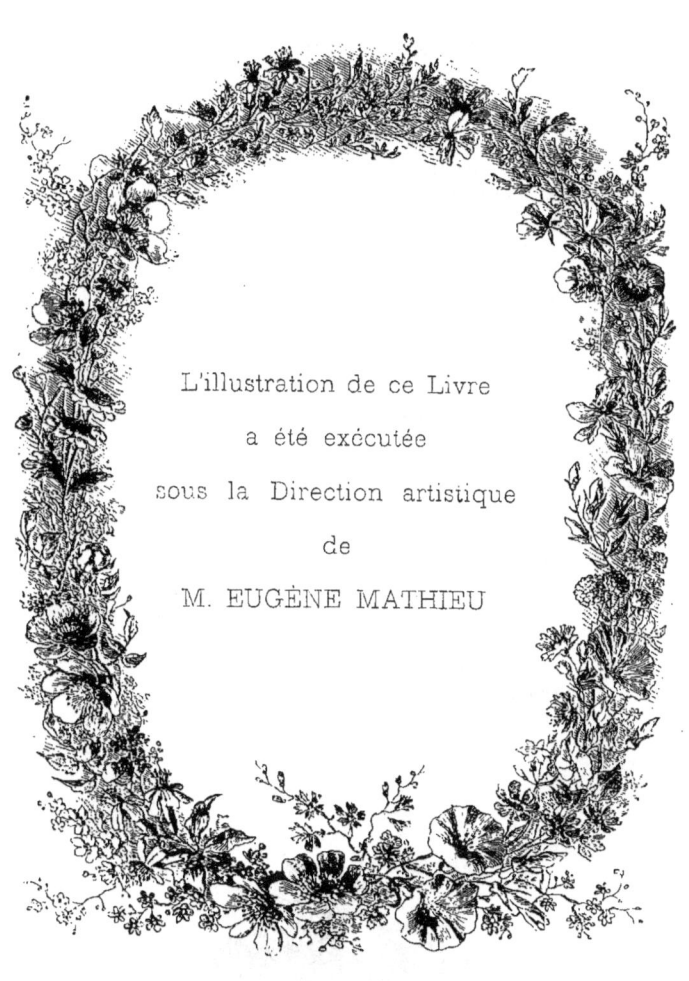

L'illustration de ce Livre
a été exécutée
sous la Direction artistique
de
M. EUGÈNE MATHIEU

DESSINATEURS

YAN D'ARGENT.
E. D'AVESNE.
DE BAR.
EDWARDS.
FERAT.
FESQUET.

FICHOT.
JULIEN.
MATHIEU.
POIRSON.
SEMECHINI.
TOFANI.

GRAVEURS

CHAPON.
DÉSIRÉ DUMONT.
FROMENT.
SARGENT.
NAVELLIER ET MARIE.
BERVELLIER.
THOMAS.
LEVEILLÉ.
HORRIE.

FARLET.
PARIS.
TAUXIER.
VINTRAUT.
JOHANNET.
MAUDUIT.
LERAY.
ARTIGAS.

PRÉFACE

ORSQUE, il y a un an, je publiai *les Deux Frances*, je mis en regard, pour confondre d'impudentes accusations, les hauts faits de la France chrétienne et les tristes exploits de ses accusateurs. Parallèle triomphant, mais douloureux; car si d'un côté éclataient les gloires les plus pures, de l'autre se rencontraient des hontes qui n'ont malheureusement que trop rejailli sur le drapeau français.

Je ne me souviens plus aujourd'hui de toutes ces hontes et à ceux qui, comme moi, prennent moins de plaisir à se rappeler les fautes et les crimes de leurs adversaires que les grandeurs de la patrie, je dédie ce livre.

C'est un écrin de famille où ils retrouveront quelques-uns des joyaux qui resplendissent sur le front de la France catholique, leur mère et la mienne.

Si l'on me dit que ces faits sont bien connus déjà, je répondrai : Non, ils ne le sont pas, ou ils ne le sont plus du moins. La foule, qui couronne les plus inexpiables ambitions, parce qu'elles se réclament cyniquement du patriotisme, a oublié les saints dévouements que je veux rappeler, parce qu'ils n'ont jamais mendié d'elle aucun salaire. Si elle les savait encore, n'imposerait-elle point silence à ceux qui les calomnient et les outragent ? Elle ne se révolte pas à entendre ces infamies; donc elle ne se souvient plus des actes d'héroïsme qu'on blasphème devant elle. Aussi faut-il lui redire combien grands, combien simples et combien nombreux ils furent : ce sera le plus sûr moyen de la prémunir contre les coupables colères auxquelles on la pousse et en même temps la meilleure réponse à tous nos détracteurs : ce sera la protestation sans réplique du sang versé dans des jours de deuil pour la France et pour Dieu !

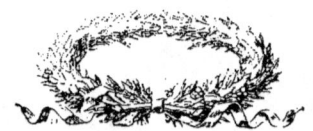

LIVRE PREMIER

LE CLERGÉ SÉCULIER

LE CLERGÉ SÉCULIER

I

La fusillade venait de se taire sur les hauteurs de Spickeren. Chassé de ses positions après une lutte longue et meurtrière, Frossard, abandonnant Forbach, se repliait en toute hâte vers le sud.

Le dernier de nos régiments n'avait point encore disparu à l'horizon, lorsqu'une division du corps de Steinmetz déboucha, fifres en tête, sur la principale place de Gunstatt. La victoire avait mis en goût l'état-major allemand. Il voulut n'en rien perdre et tenter de tourner les Français avant leur entrée à Sarreguemines.

Mais il fallait un traître pour mener ce plan à bonne fin.

Le presbytère était là, sur la grande place. L'Allemand y entra. Il se trompait. Le prêtre qu'il y rencontra détourna la tête avec dégoût : ce fut sa seule réponse.

Aussitôt on l'arrête. Une cour martiale se réunit, devant laquelle on traîne le courageux ecclésiastique, sous le prétexte qu'il a tiré sur les soldats prussiens.

En quelques minutes la cause fut entendue et le verdict prononcé.

L'héroïque coupable était condamné à être passé par les armes. Il restait libre d'ailleurs de racheter son crime imaginaire au prix de son honneur.

Sous l'œil d'un factionnaire allemand, le prêtre, calme et tranquille, consacra à la prière les quelques instants de réflexion qu'on voulut bien lui accorder. Puis, le sursis écoulé, de lui-même, il alla se placer devant le peloton d'exécution. Deux secondes après, il roulait foudroyé sous les balles.

Sa dernière parole avait été : « Mourir, j'y consens ; trahir la France, jamais ! »

II

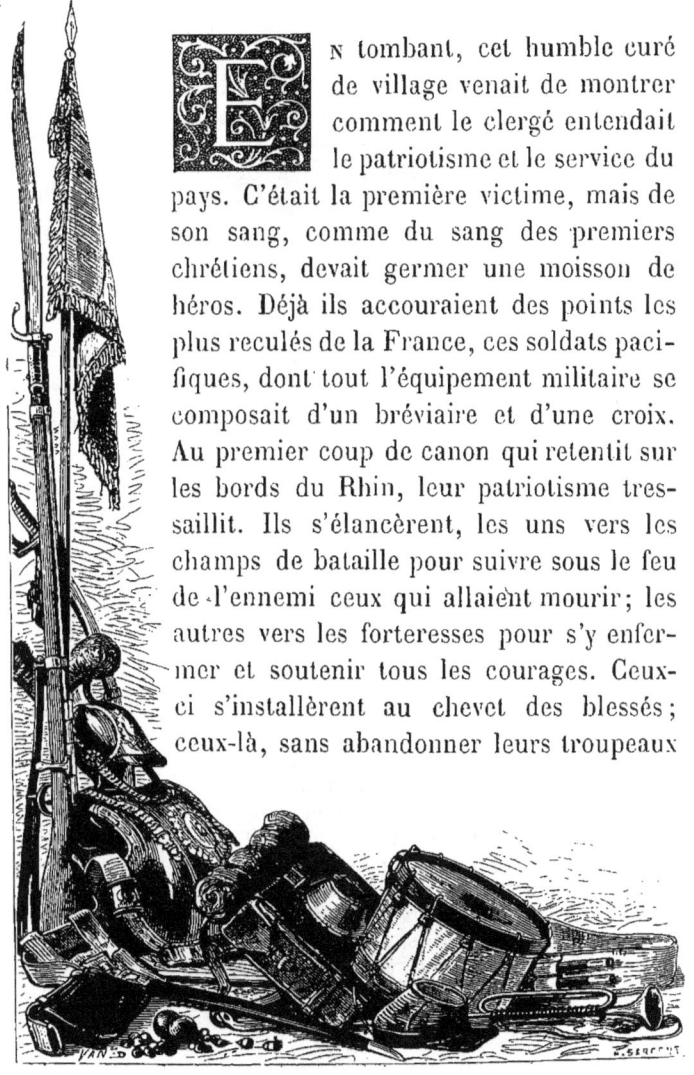

En tombant, cet humble curé de village venait de montrer comment le clergé entendait le patriotisme et le service du pays. C'était la première victime, mais de son sang, comme du sang des premiers chrétiens, devait germer une moisson de héros. Déjà ils accouraient des points les plus reculés de la France, ces soldats pacifiques, dont tout l'équipement militaire se composait d'un bréviaire et d'une croix. Au premier coup de canon qui retentit sur les bords du Rhin, leur patriotisme tressaillit. Ils s'élancèrent, les uns vers les champs de bataille pour suivre sous le feu de l'ennemi ceux qui allaient mourir; les autres vers les forteresses pour s'y enfermer et soutenir tous les courages. Ceux-ci s'installèrent au chevet des blessés; ceux-là, sans abandonner leurs troupeaux à l'approche de l'orage, se préparèrent à souffrir et à mourir même pour ceux dont ils avaient la garde. Combien de fois le vainqueur n'eut-il pas à compter avec le curé de village ! Et qui dira les innombrables maux que cette humble et faible main parvint à détourner (1) !

Dès le milieu du mois d'août, les évêques avaient sollicité pour leurs prêtres l'autorisation de suivre nos soldats à l'ennemi. Mais leur dévouement s'était heurté aux indifférences de la bureaucratie, et le ministère de la guerre était resté muet.

Rebutés par l'administration, les vénérables prélats s'adressèrent au Corps législatif. On se battait : ils demandèrent place au péril pour les aumôniers volontaires qui s'offraient de toutes parts.

(1) « Si nous parlons du clergé, nous dirons que, de l'aveu de tous, il a été à la hauteur de sa mission. Dès l'origine, il s'offrit de lui-même et tout entier pour contribuer au salut commun. Il exerça une puissante influence, par la parole et par l'action, dans les paroisses et hors des paroisses, animé du vif esprit de résistance à l'ennemi et de l'inspiration patriotique qui s'étaient emparés de la population. Elle le vit ne faire qu'un avec elle, soit lorsque ses membres se consacraient aux ambulances et aux ateliers intérieurs, soit lorsqu'ils fournissaient des aumôniers aux ambulances extérieures, se faisaient infirmiers ou brancardiers sous les remparts, ou marchaient en volontaires dans les sorties, prodiguant sous le feu de l'ennemi les secours de la religion aux mourants, en même temps que l'appui de leurs bras aux blessés. Empressons-nous de dire que les ministres des autres cultes agirent avec le même patriotisme. » (*Rapp. à l'Académie française*, 8 août 1872, p. 771, 772.)

Ils ne réclamaient d'ailleurs pour eux ni grades, ni indemnités, car « le sang se donne pour rien ou ne se donne pas : la conscience le paye ici-bas et Dieu là-haut (1). » Quelques-uns, l'évêque d'Angers, entre autres, offraient même de supporter une partie des dépenses, et l'évêque de Bayonne s'engageait, au nom du clergé de Mauléon, à entretenir à ses frais les aumôniers qui suivraient les bataillons basques sur le terrain.

Vains efforts : les pétitions, renvoyées au ministre, avaient été classées, c'est-à-dire ensevelies au fond d'un carton des archives. Cependant, après tant de journées de gloire, la fortune de la France penchait à l'horizon et allait s'abîmer dans la défaite. On était parti plein de confiance dans le succès : n'avait-on pas ces chassepots qui avaient fait merveille déjà, et ces mitrailleuses, dont un fourreau de cuir dérobait à tous les regards la mystérieuse puissance? Le reste importait peu. Hélas ! le désillusionnement fut aussi terrible que complet. Infidèle à tous ces espoirs, la victoire déserta le camp français et notre histoire eut coup sur coup à inscrire en caractères de sang dans ses annales, les noms funèbres de Wissembourg, Wœrth, Forbach, Buzancy, Bazeilles, Noisseville, Sedan.

C'en était fait de tous les enthousiasmes bruyants, et le salut de la patrie exigeait tous les sacrifices. Les évêques le comprirent. A ceux qui, par haine de la religion plutôt que par amour du pays, demandaient l'envoi immédiat de tous les prêtres sous les drapeaux, ils répondirent en offrant ces prêtres, non plus seulement comme aumôniers, mais comme simples infirmiers.

(1) Lacordaire, *Vie de Saint Dominique.*

« A Dieu ne plaise que nous marchandions nos sacrifices ni même le tribut de notre sang à la patrie en péril, disait l'archevêque de Toulouse; toutefois nous demandons de verser ce sang d'une façon qui ne soit pas la négation implicite de notre sacerdoce. Le prêtre décline le combat, mais il accepte le martyre. Qu'on nous permette de mourir sur le champ de bataille, en arrachant les blessés au massacre et en emportant les victimes dans nos bras, nous en serons reconnaissants; mais exiger de nous le sacrifice de la vie les armes à la main…. ce ne serait pas seulement outrager notre caractère, mais encore fouler aux pieds la justice et la religion naturelle.

«…. Le sacerdoce ne peut être militant, parce que les mains qui bénissent ne doivent pas tuer et que les intermédiaires placés entre la divinité et l'homme doivent, au besoin, savoir souffrir la mort sans la donner (1). »

Le prêtre, ministre d'un Dieu de paix, n'avait plus le droit de porter un fusil; mais il y avait dans les séminaires des jeunes gens qui n'étaient point encore montés à l'autel. A l'heure d'un péril suprême, ils pouvaient quitter pour un temps le sanctuaire et voler au-devant de l'ennemi. Les prélats favorisèrent leur enrôlement, en se bornant à les diriger de préférence vers les légions de volontaires qui s'organisaient dans l'ouest. Ces corps étaient les plus reli-

(1) Lettre du 29 septembre 1870.

gieux : l'événement prouva qu'ils n'étaient pas les moins braves.

Plus que tout autre, l'évêque d'Angers s'empressa de donner tout son concours au corps en formation dans le

Mgr Freppel.

Maine et dans l'Anjou. Il autorisa les conseils de fabrique à voter les subsides nécessaires pour habiller et équiper un ou plusieurs volontaires. En même temps il invitait les curés de son diocèse à se cotiser pour donner à la France le même gage d'amour et de dévouement.

« Nous ne devons, disait-il, épargner aucun sacrifice à

cette heure solennelle où, sans un effort suprême, c'en est fait de l'honneur et de l'avenir du pays... C'est le moment pour les fils de la Vendée et de l'Anjou de renouveler tous les prodiges de leurs pères. Il s'agit d'une cause qui rallie autour d'elle tous les enfants de la patrie sans exception. Nous luttons contre une puissance qui rêve l'abaissement de l'Église catholique non moins que la ruine de la France... Servir l'Église et la France, c'est tout un. »

Aux yeux de Mgr Freppel, la guerre était devenue une guerre religieuse.

« Il faut, écrivait-il le 5 novembre, que la nation se lève tout entière pour repousser loin d'elle la honte et le déshonneur. Or, c'est au clergé à donner l'exemple autant qu'il est en lui. Sous l'empire d'une législation protectrice du droit et des intérêts de la religion, les élèves du sanctuaire ont joui, jusqu'à présent, de l'exemption militaire, et, je le dis à l'honneur des autorités locales, nulle d'entre elles n'a songé à la leur disputer. Mais en face de la patrie humiliée et meurtrie, je n'hésite pas à croire que nos braves séminaristes sont tous prêts à renoncer d'eux-mêmes au bénéfice de la loi jusqu'à ce que l'étranger soit chassé du territoire français. »

Puis, après avoir indiqué que ceux qui étaient déjà engagés dans les ordres pourraient s'enrôler en qualité d'infirmiers, l'évêque d'Angers ajoutait :

« Quant aux autres qui ne trouveraient pas d'empêchement dans l'état de leur santé ou dans la faiblesse de leur complexion, je vous prie de leur faire savoir que je les verrais avec grand plaisir s'engager dans la garde nationale mobilisée ou dans les légions de MM. de Cathelineau et de Charette. Déjà une vingtaine d'entre eux ont devancé mon appelle, je les en félicite... »

« Plus de retards, plus de mesures indécises, s'écriait à la même heure Mgr David, évêque de Saint-Brieuc, en terminant une lettre pastorale. Il faut s'armer et marcher à la sainte croisade du patriotisme. La France appelle quiconque peut tenir un fusil, quiconque a un cœur de Français et d'homme libre. Cette résistance d'une nation que

la force brutale veut écraser, nous, évêque, nous la provoquons, nous la bénissons, nous vous disons à tous : C'est un devoir. Une fois que nos bataillons de réserve.... auront reçu des armes et marché au secours de la patrie, s'il leur faut un renfort, si de nouveaux sacrifices sont nécessaires, nous appellerons nous-même nos séminaristes à la défense nationale, et ils courront où est le danger. On peut s'en fier là-dessus à notre amour pour la France et à leur dévouement. »

Le vénérable prélat ne se borna pas à ce pressant appel.

La foudre, qui semblait s'acharner sur le vieux tronc français, venait de frapper un nouveau coup. Le dernier espoir du pays sur le Rhin s'était évanoui. Metz avait capitulé, et déjà de longs convois de prisonniers commençaient à se mettre en marche vers l'exil. Avec eux passaient la frontière des soldats pleins de vaillance et des officiers outrageusement attaqués, mais dont l'absence allait être cruellement sentie. Si Mgr David ne pouvait remplacer les chefs, il avait de quoi remplir quelques vides parmi les hommes, il se rendit donc à son grand séminaire, et faisant de nouveau appel au dévouement des élèves :

« La loi vous protège, leur dit-il, mais c'est à votre choix volontaire que je m'adresse... Réfléchissez, priez et demain j'interrogerai votre décision.... Ce n'est pas un acte d'ostentation et de parade que je sollicite de vous. La France a besoin de vrais soldats. Il faut se préparer à tous les sacrifices, affronter les intempéries, le froid, la faim, coucher sur la terre nue et détrempée, obéir à une discipline sévère, aller enfin sur le champ de bataille et verser son sang pour le pays. »

La parole ardente du courageux vieillard fut entendue. Dès le lendemain 292 élèves répondaient : « Monseigneur, vos séminaristes n'auraient pas l'amour du pays si profondément gravé dans leurs cœurs bretons à côté de l'amour de la religion, qu'ils le puiseraient dans les sentiments patriotiques de leur évêque.

« Si, le premier en France, interprétant nos sentiments et nos devoirs, vous nous avez promis à la défense de la patrie, nous voulons aussi être les premiers à nous enrôler sous ses drapeaux, devenus plus chers par le malheur.

« Après la guerre sainte, qui sera la victoire, ceux qui reviendront seront plus dignes des regards de Dieu et de la grande mission du sacerdoce qui les attend, et qui est, elle aussi, le dévouement jusqu'à la mort.

« S'il en est qui ne reviennent pas, nous leur porterons envie ; ils auront reçu la meilleure part : la bénédiction de Dieu qui ouvre le ciel et celle de leur évêque qui consacrera sur la terre leur glorieux souvenir. »

Tous ces jeunes gens demandaient donc à combattre. C'était beaucoup plus qu'on n'en pouvait permettre, car plusieurs d'entre eux étaient d'une santé trop débile pour supporter les fatigues d'une aussi rude campagne. Mais le fait n'en restait pas moins, éclatant témoignage du patriotisme de tous ces volontaires si odieusement calomniés.

A son tour, le cardinal archevêque de Bordeaux permit à ses séminaristes d'interrompre leurs études pour prendre part aux opérations militaires. « Quelques-uns d'entre eux, écrivait-il à cette occasion à l'un de ses grands vicaires, m'ont fait connaître, en termes qui m'ont ému, leur désir et celui de leurs condisciples, de voler à la défense de la patrie. Ces chers enfants ont comprimé aussi longtemps qu'ils l'ont pu, l'élan de leur cœur; mais aujourd'hui ils se déclarent impuissants à continuer la lutte. Qu'il soit donc fait selon leur ardente et patriotique ambition, et que ceux qui n'ont pas contracté d'engagements irrévocables, s'ils ne sont pas empêchés par la faiblesse de leur santé, aillent demander des armes aux chefs qui ont reçu la grande et sainte mission de procurer à tout prix la délivrance nationale. »

A Aire, à Bourges, à Amplepuis, à Nantes, partout enfin on assista au même spectacle et ils furent nombreux, les séminaires qui se dépeuplèrent alors au profit du bivouac.

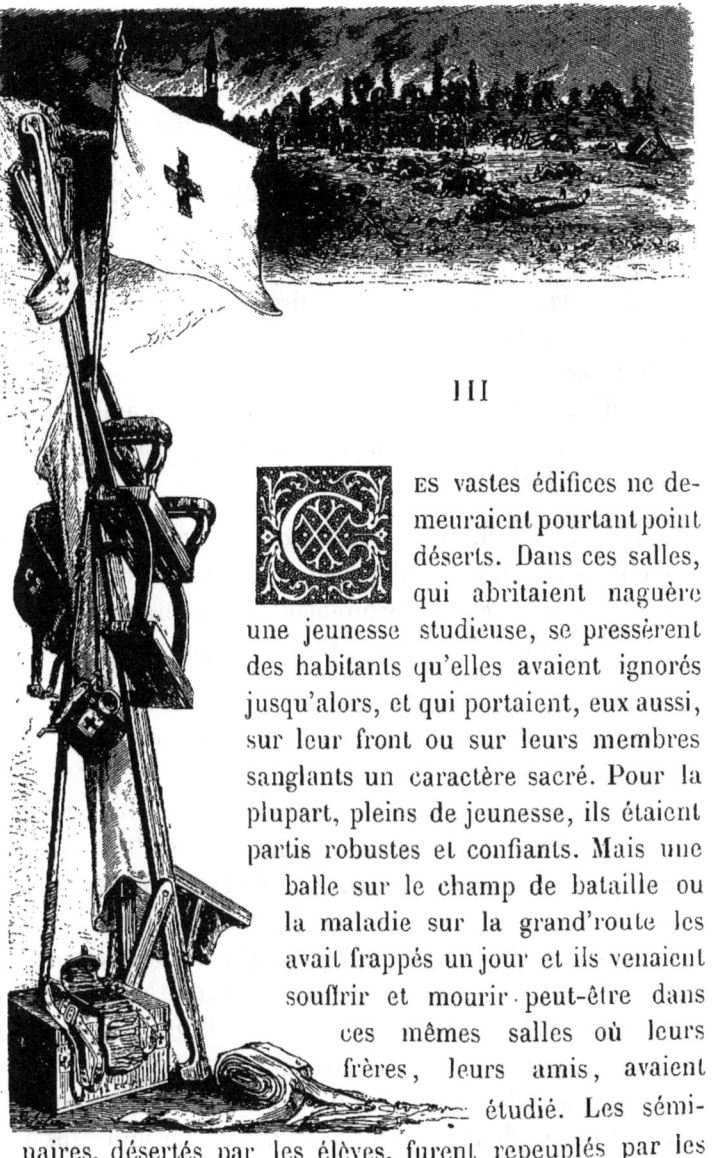

III

CES vastes édifices ne demeuraient pourtant point déserts. Dans ces salles, qui abritaient naguère une jeunesse studieuse, se pressèrent des habitants qu'elles avaient ignorés jusqu'alors, et qui portaient, eux aussi, sur leur front ou sur leurs membres sanglants un caractère sacré. Pour la plupart, pleins de jeunesse, ils étaient partis robustes et confiants. Mais une balle sur le champ de bataille ou la maladie sur la grand'route les avait frappés un jour et ils venaient souffrir et mourir peut-être dans ces mêmes salles où leurs frères, leurs amis, avaient étudié. Les séminaires, désertés par les élèves, furent repeuplés par les blessés.

Le 4 août, le grand séminaire de Strasbourg reçut les

premiers blessés de cette guerre néfaste, ceux qui étaient tombés à côté de l'infortuné général Douay, sur le champ de bataille de Wissembourg. Metz et Paris ouvrirent les leurs aux victimes des deux sièges.

A Pont-à-Mousson, à Rennes, à Châlons, à Langres, à Dijon, à Plombières, à Troyes, à Orléans, à Séez, à Moulins, on fit de même. L'évêque de Beauvais mit à la disposition de l'intendance son grand séminaire et les deux maisons de Saint-Lucien et de Noyon.

A Arras et à Cambrai, comme à Marseille et à Aix, d'un bout de la France à l'autre, le drapeau des ambulances flotta bientôt sur les bâtiments de toutes les maisons diocésaines converties en hôpitaux.

Mais la charité des évêques ne s'arrêta point là. Leur amour de la patrie grandissait à proportion de la grandeur de ses épreuves et du déchirement de ses entrailles. Après leurs séminaires, ils donnèrent leurs maisons de campagne et leurs propres palais.

L'évêché d'Orléans devint une ambulance, où amis et ennemis furent soignés avec le même amour. L'archevêché de Bourges, dont une aile était remplie de blessés, fut huit fois transformé en quartier général par les commandants en chef qui opéraient dans ces régions. Celui de Tours abrita pendant quatre mois une partie de la délégation du gouvernement lui-même, et l'on vit un prince de l'Église recevoir à sa table le chef de la franc-maçonnerie écossaise en France, M. Crémieux. — Mgr Rœss, à Strasbourg; Mgr Dupont des Loges, à Metz; les cardinaux de Bonnechose et Mathieu, à Rouen et à Besançon; Mgr Landriot, à Reims, changèrent, eux aussi, la destination de leurs palais et en firent pour un temps des succursales des hôpitaux militaires. Les églises elles-mêmes furent bien souvent transformées en ambulances.

Au commencement de l'action, on jetait quelques bottes de paille sur les dalles. Les lits prêts, les blessés ne se faisaient pas longtemps attendre. Bientôt ils arrivaient, les uns appuyés sur le bras d'un camarade, les autres portés sur une couverture ou étendus sur une civière. Leurs

longues files se déroulaient sous la voûte, des deux côtés de la nef : on eût dit ce peuple de statues qui dorment d'un sommeil rigide sur leurs tombeaux de marbre, à Saint-Denis ou à Westminster. — Mais les cris lamentables que la douleur arrachait à ces pauvres mutilés, prouvaient bien que le repos n'était point encore leur partage. — Et la lugubre symphonie, faite de hurlements, de soupirs et de râles, vibrait sous l'antique voûte, plus poignante dans ses discordances, que le *Miserere* ou le *De profundis*.

Dans la chapelle de Pont-à-Mousson, Français et Bavarois gisaient côte à côte dans la fraternité de la souffrance et de la mort. — Sur une paille sanglante comme une litière d'abattoir, le Poméranien au teint pâle dormait auprès du spahi, dont le front brûlé était emmaillotté de loques rouges.

A Carignan, la petite église était aussi remplie de blessés. Le presbytère de Baucourt était une ambulance. Mais rien n'égalait la désolation de Givonne.

Pauvre petite ville! Elle n'était plus souriante au fond de son nid de verdure. Ses maisons blanches, éventrées par les obus, criblées de balles, semblaient chanceler sur leurs bases. Les fenêtres étaient brisées, les portes enfoncées. — Sur le pavé, des meubles carbonisés, des lambeaux de vêtements, des tessons de vaisselle, s'apercevaient au milieu d'un fouillis de képis, de baïonnettes brisées, de sacs et de musettes. C'était la guerre dans toute son horrible poésie. — D'ailleurs, plus un seul habitant. La peur et la mort avaient dépeuplé toutes les maisons. Mais dans cette morne solitude, un homme était resté : le curé.

Sur son église, il avait arboré le drapeau blanc. C'était un mouchoir sur lequel, l'étoffe rouge manquant, il avait tracé avec du sang la croix de Genève. — Puis, il était allé sous la mitraille relever quelques blessés. — Le combat fini, l'église avait été trop petite. Partout des blessés. Sur le seuil, mêlée à la boue, de la paille sanglante. — Dans l'intérieur, du sang encore, du sang toujours! Un horrible concert où les cris de fureur, les gémissements étouffés, les plaintes résignées, les hoquets de l'agonie, s'entrechoquaient épouvantablement, remplissait la maison de Dieu, devenue une sorte d'enfer. Il y avait des blessés qui, les yeux convulsés, les lèvres écumantes, se redressaient brusquement comme pour s'enfuir et qui tout d'une pièce retombaient lourdement sur le sol. Quelques-uns étaient attachés à leur grabat : la fièvre cérébrale les avait rendus furieux. Ils se raidissaient avec d'effrayantes contorsions sous leurs liens. — De temps en temps, on entendait des voix qui criaient : « Tuez-moi, par pitié, tuez-moi ! » — Et à côté : « Maman, maman ! » — Certains souriaient avec d'infinies langueurs. La mitraille les avait rendus idiots. Mais, lorsque les chirurgiens, les manches retroussées, le tablier gris couvert de taches rouges, s'approchaient d'eux, ils recouvraient comme un éclair d'intelligence. Et ils se tordaient pour soustraire leurs membres meurtris à l'implacable scie. — Alors, le prêtre s'approchait, il prenait la main du patient, le consolait, l'encourageait. — La sœur de charité, car elle était là aussi, lui souriait avec des larmes dans les yeux et le malheureux se calmait : à travers le nuage rouge où il se débattait, il avait entrevu le ciel.

Séminaires, palais épiscopaux, églises, les évêques ouvrirent donc tout à nos glorieux blessés. — Les services qu'ils rendirent alors à l'intendance furent tels qu'ils forcèrent la reconnaissance des administrateurs les plus prévenus.

« Monseigneur, écrivait, le 31 mars, à l'évêque de Coutances, M. F. La Vieille, intendant de Cherbourg et aujourd'hui député, Monseigneur, je ne veux pas quitter le camp de Cherbourg sans vous remercier, du fond du cœur, du généreux concours que Votre Grandeur m'a apporté dans l'œuvre ingrate que je viens d'accomplir.

» Il y a trois mois, nous étions 20 000 hommes dans Briquebec et les communes avoisinantes ; la maladie nous décimait, et je manquais de tout. Cependant il fallait, à tout prix, une ambulance, ou plutôt un véritable hôpital.

» J'eus la pensée, Monseigneur, de m'adresser à vous, et, peu de jours après, nous avions 200 lits montés et une réserve du double.

» C'est donc grâce à vous, à votre clergé et aux révérends Pères trappistes, qui ont complété votre œuvre en mettant leur monastère à ma disposition, que nos soldats ont pu recevoir les soins dont ils avaient tant besoin.

» Les troupes du Cotentin l'ont su, et ont spontanément donné votre nom à l'ambulance que je n'aurais pu fonder sans vous.

» Permettez-moi, Monseigneur, de me joindre à elles pour vous dire que votre patriotisme et votre charité seront toujours pour moi un objet de reconnaissance et d'admiration. »

Disciples du Dieu qui a voulu se présenter aux hommes sous la touchante figure du Bon Pasteur, les évêques ne se crurent pas quittes envers la patrie en accueillant avec amour ses malheureux enfants blessés. Plusieurs fois, ils exposèrent leur propre vie pour le salut de leur troupeau.

Après l'investissement de Paris, les Prussiens, qui étaient parvenus à rétablir les communications par voie ferrée avec l'Allemagne, se virent exposés à un péril qu'ils

n'avaient point prévu. De hardis francs-tireurs pénétrèrent jusqu'au cœur de la Champagne occupée et réussirent à faire dérailler plusieurs trains, en coupant les rails sur leur passage. L'état-major allemand ordonna alors de faire monter sur les locomotives une ou plusieurs personnes notables des villes occupées.

Mgr Meignan, évêque de Châlons, s'offrit immédiatement pour être un de ces otages. Mais la municipalité refusa généreusement d'exposer une vie aussi précieuse. Celle de Reims eut moins de scrupules. Mgr Landriot s'était offert, lui aussi ; il fut accepté et fit plusieurs fois le voyage à côté du chauffeur, tout surpris de voir sa blouse noire de charbon frôler sur son tender la robe violette du courageux archevêque.

A quelque temps de là, Dieu accorda à ce dévouement épiscopal la plus consolante des récompenses. Laon pris, le préfet de l'Oise avait été traduit devant un conseil de guerre. La sentence fut telle qu'on devait l'attendre d'un implacable ennemi. L'accusé fut condamné à mort. Mais Mgr Landriot, averti à temps, fit des instances si vives auprès du grand état-major, qu'un sursis fut accordé, puis une commutation de peine signée. — Grâce au prélat, le préfet avait la vie sauve.

L'intervention de quelques autres évêques adoucit bien des fois les terribles exigences du vainqueur. — On vit se renouveler, en plein dix-neuvième siècle et au moment même où la victoire, couronnant l'insolence prussienne, semblait proclamer, elle aussi, que la force prime le droit, les faits extraordinaires que nous lisons dans l'histoire : un saint Léon arrêtant les hordes féroces de Genséric ; un saint Loup sauvant Troyes du pillage et faisant rebrousser chemin aux sauvages guerriers d'Attila.

Lorsqu'une ville était frappée d'une de ces lourdes contributions de guerre que les Prussiens réclamaient si impitoyablement, et lorsque, pour clore toute discussion, ils montraient la gueule de leurs canons encore fumants, un dernier plénipotentiaire se présentait au quartier général. Ce plénipotentiaire tenait tous ses pouvoirs de la croix d'or qui brillait sur sa poitrine, mais il était rare qu'il quittât le camp prussien, sans avoir obtenu quelque grâce du vainqueur.

A la veille de la conclusion de l'armistice, Mgr Guibert fit réduire par le prince Fritz à 1 200 000 francs d'abord,

à 500 000 francs ensuite, la contribution de guerre de 7 millions dont la ville de Tours avait été frappée. Le cardinal de Bonnechose eut le même succès auprès du roi Guillaume lui-même.

Le département de la Seine-Inférieure devait payer

26 millions. Épuisé déjà par des réquisitions excessives, il lui était impossible de parfaire une somme aussi considérable. — Mais l'ennemi n'admettait pas d'impossibilité quand il tendait la main; il fallait remplir ses fourgons de l'or qu'il réclamait ou se résigner d'avance aux vexations les plus redoutables. Mgr de Bonnechose voulut épargner à son diocèse cette dernière épreuve. Il alla jusqu'à Versailles plaider auprès du roi la cause qui lui tenait au cœur. Son éloquence toucha le vieux monarque. Les mesures militaires que l'on prenait déjà pour effectuer le recouvrement de la contribution furent suspendues et la contribution elle-même fut réduite des deux tiers.

IV

De simples prêtres parvinrent aussi à fléchir les vainqueurs. — La commune de Courbevoie avait été imposée pour une somme de 200 000 francs. L'adjoint, ministre protestant et d'origine allemande, n'avait pas trouvé dans ce double titre suffisamment de crédit pour obtenir des Prussiens le dégrèvement le plus minime. Le premier vicaire de Courbevoie, qui était resté à son poste après le complet investissement de la capitale, fut plus heureux. Il se présenta seul devant les autorités allemandes et arracha au grand chancelier, et au général de Moltke, l'ordre de réduire de 140 000 francs la contribution demandée.

Vingt malheureux étaient enfermés dans l'église d'Airaines. On devait, le lendemain, les traîner à Amiens. — Leur crime? — Toujours le même : ils habitaient un village où l'on avait fait feu sur les soldats prussiens. — La peine? — La mort. — Heureusement la Providence leur donna un avocat d'office dont l'éloquence les sauva.

Lorsqu'au point du jour le fifre se fit entendre et qu'alignés entre quelques uhlans, les prisonniers se mirent en marche, le curé d'Airaines intervint. Il plaida si chaleureusement la cause des malheureux otages que, vaincu, le colonel, chef de l'escorte, leur rendit à tous la liberté.

Mais au prix de quels sacrifices ne furent pas obtenus de pareils succès! Que de fois, se heurtant à la brutalité d'un soudard galonné, ces négociateurs du bon Dieu furent maltraités, battus, jetés en prison, traînés devant les conseils de guerre et internés dans des forteresses! L'abbé Valter, curé de Valmont, succomba aux actes de violences dont il avait été l'objet, et le curé de Sermange mourut des suites des blessures qu'il avait reçues en défendant les siens contre les réquisitions exagérées des troupes allemandes.

Du reste, la colère prussienne se déchargeait volontiers sur les pauvres curés de campagne que l'armée d'invasion rencontrait sur son chemin. Volontiers, elle les tenait responsables de tous les échecs partiels que les troupes de Sa Majesté pouvaient subir. C'était encore une manière de rendre hommage au patriotisme profond, silencieux, mais actif, de ces bons prêtres. Et les conseils de guerre envoyaient alors l'abbé Brugali, à Posen; l'abbé Dalstein, à

Saarbruck; l'abbé Wurtz, l'abbé Hées, l'abbé Ravault et cent autres de leurs confrères dans toutes les forteresses de l'Allemagne.

A tout prendre, le clergé catholique n'avait-il pas droit à cette part exceptionnelle dans les épreuves et les douleurs de la patrie? Au milieu des défaillances morales auxquelles donna lieu, durant cette triste année de 1870, l'abaissement progressif des caractères qu'on avait si souvent dénoncé quelques années auparavant, vit-on beaucoup de prêtres accepter à l'heure du danger ces transactions coupables, ces compromis honteux qui sauvent parfois une existence, mais qui la déshonorent et l'empoisonnent pour jamais? En vit-on beaucoup trembler devant une menace ou s'incliner avec terreur dès qu'on avait parlé du peloton d'exécution?

« Commandant, disait le curé de Sarreguemines à l'officier prussien qui lui réclamait impérieusement les clefs de son église, dans une exécution militaire, à combien de balles a-t-on droit?

— Huit et le coup de grâce.

— Eh bien, soyez-en sûr, c'est seulement en passant sur un cadavre percé de neuf balles que vous entrerez dans mon église et que vous la profanerez. »

Et un autre, le curé de Foulquemont: « On dit qu'à Salamine un soldat athénien saisit un vaisseau ennemi par la main droite d'abord, par la main gauche ensuite, et, quand on les lui eut successivement coupées, on dit qu'il le retint encore par les dents. — La maison de Dieu, major, vaut bien un vaisseau perse ! Mes clefs, vous ne les aurez pas. — Choisissez : je reste en possession de mon église ou vous me fusillerez ! »

La mitraille n'effraya pas plus le prêtre que les menaces d'un vainqueur grisé de ses succès. Elle fut impuissante à l'arrêter et on le vit partout : sur les flancs de la colonne en marche pendant l'étape ; au premier rang des bataillons, dès le commencement de la journée ; au milieu des nuages de poudre durant l'action, et, le soir venu, lorsque le canon s'était tu et que sur la plaine embrasée s'était fait le double silence de l'ombre et de la mort, on le voyait encore au milieu des débris d'armes qui jonchaient le sol, au milieu des pièces démontées et des affûts brisés, chercher avec amour un blessé à relever, un front à bénir, un mourant à consoler. Promenade lugubre et qui n'était pas toujours sans danger, car les balles sifflaient parfois dans l'obscurité. Mais aussi lorsqu'aux cris : *Ambulance ! les blessés ! parlez, mes enfants ! c'est un prêtre !* la plainte étouffée d'un mourant répondait, qui disait : *A moi, mon aumônier, ici !* quel bonheur ! quel serrement de main ! La gourde d'eau-de-vie de l'aumônier rendait un peu de force au pauvre blessé, et le râle de l'agonie était moins rude, la mort moins affreuse à celui à qui on venait de rappeler le ciel. Le transport à l'ambulance était-il possible? on l'effectuait sans retard. C'est un prêtre, l'aumônier des mobiles de la Mayenne, qui releva sur le champ de bataille de Patay Charette et de Sonis.

Un autre, l'abbé Jégal, aumônier du 21ᵉ corps d'armée, avait fait des prodiges de valeur à Droué. L'aumônier de la 2ᵉ brigade avait été tué raide à ses côtés en relevant un artilleur blessé. Quelques instants après le commandant en chef de l'artillerie, M. de Rodellec, est frappé et tombe dans ses bras. Il l'administre sous une grêle de balles, et jusqu'à la nuit demeure au feu pour consoler ceux que la mitraille atteint.

Le soir, nos troupes étaient en pleine retraite. Mais l'abbé Jégal était resté sur le théâtre de l'action. Il relevait les blessés et les transportait à l'ambulance. Le lendemain, c'est lui encore qui rendit les derniers devoirs à son valeureux confrère et au commandant de Rodellec. Il acheta un drap pour chacun d'eux, leur fit faire un cercueil et les ensevelit lui-même. Sa prière fut la seule qui se fit entendre sur leur tombe. Au milieu de l'effroi général, personne n'avait osé assister à cette triste cérémonie.

Au commencement de la guerre, l'armée ne comptait que quarante-six aumôniers. C'était bien peu pour tant de futures victimes. Un prêtre par division, cela n'aurait pas suffi en pleine paix, et pourtant, livré au plaisir, tout entier à l'insouciance, le soldat, lorsqu'il est loin de la mort, laisse bien des loisirs à l'aumônier. Mais quand l'heure est arrivée d'entrer en campagne; quand on a quitté la ville de garnison et ses perfides enchantements; quand on se trouve face à face avec les fatigues, la maladie et surtout avec les amertumes de la déroute, ils sont rares au régiment ceux qui ne se rapprochent pas du prêtre. Chacun a besoin alors d'un ami qui, pour le soutenir et lui rendre le courage, puisse lui parler de Dieu. Mais c'est surtout sur le champ de bataille, quand l'atmosphère est en feu et quand, sous une pluie de balles ou un ouragan de mitraille, le clairon a sonné *en avant*, que, sur le point de tomber mortellement frappé peut-être, le soldat cherche le prêtre.

Si, au milieu de la mêlée il l'aperçoit, tranquille, portant dans son regard comme un reflet du ciel ; s'il le voit incliné près d'un moribond, le soutenant, le bénissant, lui parlant

de Dieu et de sa mère, il sent qu'au milieu de cette fournaise il ne mourra point abandonné de tous et il s'élance sans regret au-devant de la mort.

« Dans les longues journées de marche, rapporte M. l'abbé d'Hulst, recteur de l'Université catholique de Paris, le rôle de l'aumônier se bornait toujours à partager les fatigues du soldat, à se montrer dans les rangs, comme pour dire : Amis, je suis là.

» Plus d'une fois cependant, parmi les fatigues de la route, le prêtre côtoyant la colonne discernait dans le regard du troupier comme une interrogation et une espérance ; la réponse muette ne se faisait pas attendre, et, sur le revers du fossé, on voyait le prêtre et le soldat cheminer côte à côte, comme absorbés dans un entretien intime ; la main du prêtre s'élevait discrètement pour tracer la croix, la tête du soldat en marche s'inclinait un instant sous le pardon, puis les deux mains se serraient dans une chaude étreinte, et le soldat courait reprendre sa place, le cœur léger, prêt à dire à la mort : « Viens si tu veux, je ne te crains plus. »

» Elle vint en effet, pour beaucoup d'entre vous, nobles enfants d'un pays malheureux ! Le 30 août, jusqu'à midi, l'armée de Châlons ne connaissait de la guerre que les privations et la fatigue ; le soir de ce même jour elle avait fait une rude expérience de ces trois choses qui s'appellent la défaite, la douleur et la mort. Ici commence le labeur pour ceux que Dieu a chargés, non de détruire, mais de consoler et de guérir. Prêts à sortir de la petite ville de Mouzon pour continuer, à la suite du douzième corps, notre marche sur Montmédy, nous sommes arrêtés à la porte par deux flots qui se croisent et se contrarient : l'artillerie s'élance au galop sur la hauteur pour installer ses batteries, la cavalerie descend au trot pour se porter dans la vallée.

» Il ne s'agit plus de marche pour la journée ; il s'agit de combat. Déjà le canon prussien retentit formidable sur les collines de Beaumont, et la fumée s'élève en colonnes épaisses. Mac-Mahon est là, devant nous, avec son état-major, observant les débuts de l'affaire, qui se passe encore à deux lieues. Une vive curiosité nous presse de rester auprès de lui et de voir enfin de nos yeux cette chose inconnue dont le nom est si familier à nos lèvres : une bataille. Mais un chasseur à pied m'arrête au passage : « Monsieur l'abbé, me dit-il, je crois qu'on a besoin de vous à l'hôpital. — Eh quoi ! y a-t-il donc déjà des blessés ici ? » — Adieu la curiosité, voici le devoir. Je cours à l'hôpital ; un blessé vient d'être apporté. Son état est affreux : les entrailles pendent sanglantes avec ses chairs arrachées ; mais déjà un de mes collègues a pris place auprès de son lit. Le malheureux a sa pleine connaissance ; le prêtre a reçu ses aveux ; il lui a donné, avec le suprême pardon, l'onction qui fortifie l'athlète pour le dernier combat : un quart d'heure ne s'est pas écoulé et le premier blessé a rendu son âme à Dieu. Mais en voici bien d'autres qui arrivent : l'un est sur un brancard, l'autre sur un cacolet. Celui-ci vient à pied ; il a parcouru 8 kilomètres avec une main emportée. C'est un sergent des zouaves : il monte au pas de course les degrés de l'hôpital. « Qu'avez-vous, mon ami ? — Ce n'est rien, répond-il, il me manque une main. »

» L'ambulance militaire n'est pas là ; elle se trouve embarrassée sur les bords de la Meuse, parmi les bagages de l'armée. Que vont devenir ces pauvres blessés, qui ne cessent d'arriver plus nombreux, à mesure que le combat se rapproche ? Heureusement, la deuxième ambulance internationale n'a pas encore quitté Mouzon.

» Sous la direction du docteur Sée, le service est organisé en un clin d'œil : pansements, extractions de balles, amputations nécessaires, soulagements précieux, tout arrive à point. Les jeunes médecins et étudiants attachés à l'ambulance font preuve, en cette première rencontre, d'un sang-froid et d'une adresse qui répondent à leur dévouement.

Pendant qu'ils prodiguent leurs soins aux membres meurtris et déchirés, les deux aumôniers de leur ambulance, puis le vénérable doyen de Mouzon et son vicaire ne cessent d'aller de place en place porter la consolation et le pardon. Nous avons eu aussi notre part à ce glorieux ministère, et, dans cette première journée, pas un blessé ne s'est rencontré qui ne l'ait accueilli avec joie et reconnaissance.

» Mais voici un fracas effroyable, signe certain de notre défaite.

» A chaque instant, la mousqueterie plus proche nous annonce que l'ennemi gagne du terrain. Des hauteurs opposées qui environnent Mouzon, les deux artilleries se répondent et leurs obus croisés passent en mugissant par-dessus la grand'place; au roulement des feux de peloton se joint le grincement sinistre des mitrailleuses. Tout à coup les pantalons rouges envahissent la place; ils sont refoulés jusqu'aux portes de l'hôpital.

» A ce moment solennel il faut pourvoir au salut des blessés. Nous fermons les portes, en ayant soin de jeter en dehors toutes les armes; les bras croisés, sur le perron, nous attendons l'événement. Trois fois entraînés par l'intrépide maréchal, nos fantassins s'élancent en avant; trois fois nous les voyons revenir en désordre : l'un d'eux a la main percée ; il accourt à moi : « Faites-moi vite bander la main que je retourne au feu ; je veux aller mourir. »

» Il est six heures du soir ; le combat est encore plus acharné au faubourg ; des officiers supérieurs trouvent dans cette rue de village une mort glorieuse. Toutes les maisons, toutes les granges sont encombrées de blessés ; la paille est rougie de sang. La nuit tombe et un silence de mort succède au tumulte du combat. Les Français battent en retraite sur Sedan (hélas ! ce n'était pas leur chemin), et les Saxons attendent le jour pour faire leur entrée dans Mouzon. Jusque-là (procédé sommaire d'éclairage) ils allument deux maisons aux deux bouts de la ville, pour observer les mouvements de l'ennemi !

» Toute la nuit se passa pour nous à visiter nos pauvres blessés ; l'hôpital regorgeait ; l'église, transformée en ambulance, contenait trois cent cinquante malades ; la maison d'école en était remplie. Si l'incendie venait à gagner ! Il y eut là deux heures de mortelle angoisse. Enfin le feu s'amortit ; la plainte des blessés s'endort, elle aussi, vaincue par la fatigue, et chacun tombe par terre pour prendre un instant de repos.

» Le lendemain et le surlendemain, dans les environs de Sedan, se jouaient les destinées de la France, et nous ne savions rien de ce qui se passait.....

» Cependant le canon du 1er septembre avait dû nous préparer de nouveaux labeurs. Inquiet de l'événement, je laissai mes confrères au soin des blessés de Mouzon et je partis le 2 pour me mettre au service des blessés de Sedan. Sur la route, la rencontre inattendue de longs cortèges de prisonniers vint m'avertir de notre désastre. Hélas ! alors même je n'en pouvais soupçonner l'étendue.....

» J'arrive à Sedan, je vois notre armée captive défiler sans armes devant nos vainqueurs; je vois nos canons, nos mitrailleuses se ranger en parc sous les ordres de l'ennemi; je vois nos chassepots entassés sur les remparts et chargés dans nos propres voitures par les mains de l'étranger. J'en-

tends ce cri sinistre : « Brisons ! brisons ! » Ce sont nos lanciers qui n'ont pas encore rendu leurs armes et qui, les jetant à terre, les rompent d'un seul coup. Mais je ne suis pas venu ici pour me repaître de ces lugubres spectacles. Je cherche les blessés; ils sont partout : hôpitaux civils et militaires, églises, théâtres, temples, écoles, tribunal, usines, maisons particulières, tout dans la ville est ambulance. Au dehors, tous les villages regorgent de malheureux à qui tout manque, même un peu de pain, même une poignée de paille pour reposer leurs membres sanglants. De toutes parts, cependant, les soins s'organisent. Plus d'une main habile et généreuse travaille à soulager ces misères. C'est le moment pour le prêtre de songer aux âmes.

» Je puis affirmer ici que chacun a fait son devoir. Pendant dix jours, pour ma part, je n'ai cessé de m'agenouiller de place en place, en recueillant l'aveu sur les lèvres du blessé et lui rendant en échange la grâce et la paix. »

V

TEL est le rôle de l'aumônier pendant l'action et après la bataille. Mais pour que ce ministère de consolation puisse être utilement rempli, il faut qu'aux heures où un boulet fauche parfois des rangs entiers, les prêtres soient nombreux à côté des soldats. Si l'aumônier est seul pour consoler des milliers de mourants, comment pourra-t-il suffire à sa tâche et bénir au nom de Dieu ceux qui viennent de tomber et qui vont mourir pour le pays?

Le clergé comprit bien que sa place était auprès des combattants. Dès le mois de juillet, les demandes individuelles affluèrent dans les bureaux du ministre.

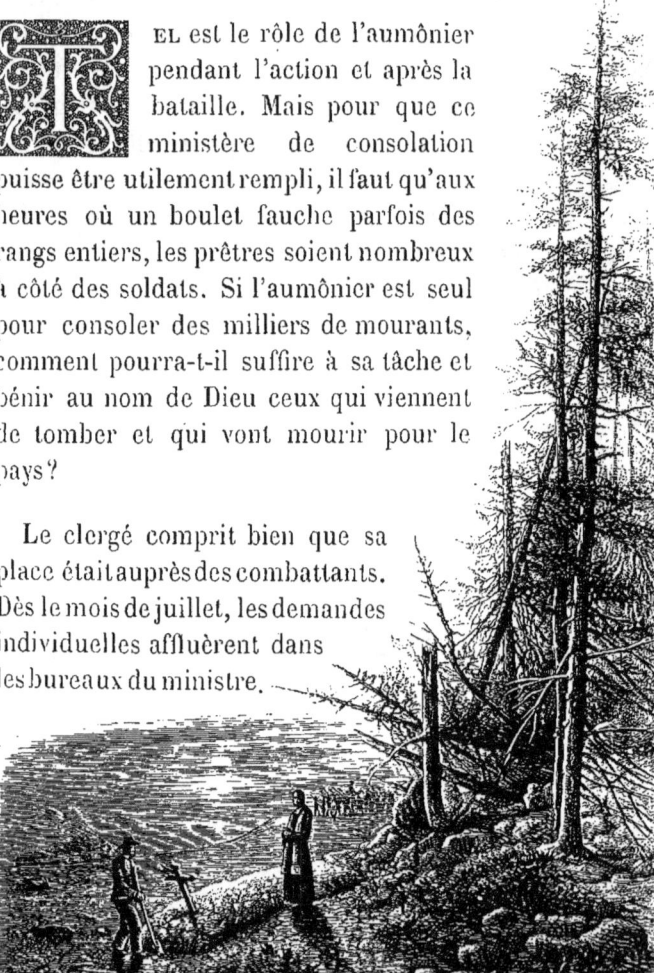

Elles n'y eurent malheureusement pas plus de succès que les requêtes épiscopales.

La révolution du 4 septembre rendit aux prêtres catholiques toute leur liberté d'action.

L'annonce de nos premiers désastres activa d'autre part leur dévouement et leur zèle. La tourmente avait emporté, avec un trône, toutes les entraves que la bureaucratie imposait à leur patriotisme. Ils profitèrent de la liberté qui leur était rendue et suivirent les combattants en qualité d'aumôniers volontaires.

« J'ai rejoint mes chers bataillons de l'Ain, écrivait l'un d'eux, et j'ai retrouvé dans leurs rangs plus de deux cents mobiles qui assistaient autrefois à mon catéchisme. Les gamins ont bien grandi et le pauvre curé a bien vieilli : il me serait difficile de mettre aujourd'hui tous ces enfants-là en pénitence comme jadis. Mais, n'importe, ils sont heureux de me revoir au milieu d'eux et j'espère bien pouvoir leur être encore un peu utile. »

Sans position officielle, confondus dans les rangs des soldats, les aumôniers volontaires partagèrent toutes leurs fatigues et toutes leurs misères. Comme eux, ils faisaient à pied ces longues marches forcées à travers une couche épaisse de neige, dont on se reposait le soir en s'étendant sur la terre gelée. Comme eux ils souffrirent toutes les rigueurs de ce cruel hiver, et, comme eux, ils ne connurent que trop souvent les tourments de la faim. Aussi beaucoup quittèrent leur humble presbytère de village, qui, hélas ! n'y revinrent pas. Les uns moururent d'épuisement, les autres tombèrent comme de simples soldats, sans bruit et sans éclat, au milieu d'un bois, dans un sillon où ils soutenaient l'agonie solitaire de quelque enfant du peuple ou du dernier descendant d'une race de preux. Le boulet prussien les frappait et ils escortaient au ciel le chrétien qu'ils venaient d'absoudre.

« Nous avons connu un jeune prêtre qui est mort à la peine, dit un vaillant officier général. Faible, il supportait des fatigues inouïes; timide, il soutenait les courages; mais il sentait à chaque pas qu'il marchait vers une mort prochaine... Il mourut au milieu des soldats, après une marche pénible.

» Couché au pied d'un arbre, la tête posée sur un sac de soldat, un crucifix dans les mains, les yeux tournés vers le ciel, le jeune prêtre remuait à peine les lèvres. Son visage rayonnait de gloire et de bonheur...

» Des soldats en grand nombre étaient groupés autour de lui, les uns debout, les autres agenouillés. Il y avait là des grenadiers d'Afrique à côté de conscrits imberbes. Tous apprenaient à mourir.

» Parmi ces soldats les uns donnaient des soins maternels au pauvre prêtre leur compagnon, les autres joignaient leurs prières aux siennes. Tous étaient émus, recueillis et profondément impressionnés. Cependant ils avaient vu la mort à toute heure; elle leur était familière, mais nul ne l'avait rencontrée si belle. Jusqu'alors la mort s'était montrée à ces soldats, violente ou passionnée. Ils ignoraient la mort triomphante...

» Le corps du pauvre prêtre repose à la lisière de la forêt, loin de son troupeau, loin de son église regrettée, loin de ces enfants qu'il avait baptisés, loin de ce cimetière qu'il bénissait à chaque deuil, loin de cette cloche qui a été muette à son agonie.

» Un soldat recueillit le livre de prières de l'aumônier; on lisait sur le premier feuillet : l'abbé Fère, curé de Saint-Vincent (1). »

Plus glorieuse encore fut la mort de l'abbé Henri Gros. Vicaire à Saint-Ambroise, il avait sollicité et obtenu, dès les premiers jours du siège, la permission de donner les secours de son ministère aux soldats de l'armée de Saint-Denis. Mais ce poste n'était point assez périlleux pour lui. Il se fit inscrire comme aumônier du 6ᵉ bataillon des mobiles de la Seine, et, pendant un mois, se dévoua à la noble mission qu'il s'était donnée. Le jour du combat fut pour lui le jour de la victoire. Sur le plateau d'Avron, un obus le tua à sa place de bataille, au milieu de ses chers mobiles, dont plu-

(1) *L'Héroïsme en soutane*, p. 19.

sieurs étaient déjà tombés entre ses bras et avaient reçu de lui le souverain pardon.

A sa place de bataille aussi fut tué sur la Loire le brave abbé Fouqueray. Apprenant que l'aumônier des zouaves pontificaux avait été pris par l'ennemi, il demanda l'hon-

neur dangereux de le remplacer, et quand le clairon sonna cette charge célèbre qui ne devait avoir d'égale que la charge de Patay, le prêtre prit le pas de course comme les zouaves et avec eux gravit, sous la mitraille, les pentes du plateau d'Auvours.

Bientôt les rangs s'éclaircirent : les blessés tombaient nombreux. Aussi impassible que s'il eût été sous les voûtes tranquilles de Sainte-Croix, l'abbé Fouqueray se penchait vers les mourants, recevait leur dernier adieu et les absolvait... Trois fois le bataillon s'élança, trois fois il fut repoussé. Mais enfin la position fut emportée et, lorsqu'on releva les morts, on trouva près d'un zouave le prêtre frappé de trois balles. Comme l'abbé Gros, l'abbé Fouqueray avait été récompensé par Dieu.

Parfois les aumôniers tombaient blessés seulement. Si peu qu'il leur restât de forces, ils oubliaient alors leurs blessures pour consoler encore ceux que le feu de l'ennemi avait mis comme eux hors de combat.

Un capitaine de chasseurs a raconté ce trait touchant :

« Je venais d'être apporté à l'ambulance établie dans une

grange. Le nombre des blessés augmentait de minute en minute, et les deux chirurgiens n'y pouvaient suffire; on les appelait de tous côtés, mais le tumulte était si grand que les gémissements se perdaient pour ainsi dire dans une immense clameur qui exprimait toutes les souffrances humaines. Deux artilleurs entrèrent portant un prêtre sur un brancard. Sa tête, entourée d'un mouchoir ensanglanté, son visage pâle, ses yeux fermés, ses lèvres entr'ouvertes et agitées indiquaient assez qu'il avait été atteint par un projectile.

» Les artilleurs déposèrent le prêtre sur la paille humide de l'ambulance et s'éloignèrent en silence.

» N'ayant qu'une balle dans l'épaule, je pouvais marcher sans trop de peine. J'allai donc vers ce prêtre qui portait sur la poitrine une croix de drap rouge sur fond blanc. Je soulevai sa tête, et prenant de l'eau dans un bidon, je frictionnai ses joues.

» Il ne tarda pas à reprendre ses sens et porta la main à son front, promenant autour de lui des regards étonnés.

» J'appelai un des chirurgiens qui examina la blessure. Une balle avait contourné le crâne. Le pansement fut prompt. Pendant l'opération l'aumônier priait les mains jointes.

» Après m'avoir remercié, il se leva, et s'appuyant sur une fourche abandonnée, il fit quelques pas. Je remarquai que la bande qui entourait sa tête rougissait peu à peu; le sang coulait. Bientôt ce sang glissa comme des larmes sur le visage du prêtre; j'avertis le chirurgien qui me répondit : « Ce n'est rien. »

» Le prêtre fit encore quelques pas, se dirigeant vers les blessés.

» J'allai reprendre ma place sur la paille sans perdre de vue ce prêtre qui, d'un moment à l'autre, pouvait tomber évanoui.

» Je le vis s'agenouiller près de ceux qui souffraient le plus; il leur prenait les mains et leur parlait à voix basse. Les pauvres soldats blessés le considéraient avec des yeux baignés de larmes. Sa parole semblait les consoler tous.

» Parmi ces soldats, l'un avait la mâchoire brisée et le bas du visage était entouré de bandages. C'était un dragon dont on ne voyait que les yeux étincelants. Il écoutait les paroles du prêtre avec une joie qu'exprimait son regard. Voulant changer de position, le dragon souleva sa main droite fendue par un coup de sabre. Il ne l'avait pas montrée au chirurgien. Le sang s'était figé et ne coulait plus de cette blessure couverte de terre, mais l'effort que fit le cavalier ouvrit la veine. Le prêtre appela par signe le chirurgien qui revint sur ses pas. Pendant qu'il prenait dans une boîte la compresse et la bande nécessaires au pansement, le prêtre soutenait le bras du soldat; alors je vis tomber du front de l'aumônier deux grosses larmes de sang; elles glissèrent lentement sur ses joues pâles et tombèrent sur la main du dragon.

» Le sang du prêtre s'était mêlé au sang du soldat. Ce qui se réalisait depuis longtemps dans le monde idéal venait de s'accomplir dans le monde matériel.

» Lorsque j'eus vu cela, je fermai les yeux, et sous ce toit de chaume, entouré de morts et de mourants, incertain du lendemain, loin de la famille et des amis, je me sentis saisi d'un frisson religieux. J'évoquai les pieux souvenirs de l'enfance chrétienne. Je revis ma mère, la sainte femme, nous enseignant la prière; je revis le vieux curé de mon village, montrant le catéchisme aux enfants; je revis mes beaux habits de la première communion; puis des nuages obscurcirent mes souvenirs. La jeunesse était venue, puis la caserne et l'âme s'était voilée...

» Le voile se déchirait dans cette grange lointaine. Ces gouttes de sang du prêtre et du soldat ouvraient pour moi tous les célestes horizons (1). »

Durant la bataille de Frœschwiller, une ambulance volante avait été établie dans l'église de ce petit village. Au moment où, agenouillé près d'un vieux cuirassier qu'on venait de déposer sur les dalles du sanctuaire, l'abbé de Beuvron, aumônier du Val-de-Grâce, lui donnait les premiers soins, un projectile traversa la voûte et éclata devant l'autel. Le prêtre ne se détourna même pas. Mais, quelques heures plus tard, les Prussiens s'emparèrent du village. Ivres de colère, ils se présentèrent au seuil de l'église, prêts peut-être aux derniers excès. L'abbé de Beuvron se précipita vers eux, et sans se laisser émouvoir à la vue d'un canon de fusil dirigé vers sa poitrine, il arrêta les Allemands. Puis, comme l'incendie allumé par les obus dévorait le clocher et menaçait de faire écrouler la voûte sur les blessés français, il les

(1) Général Ambert.

transporta tous, jusqu'au dernier, hors de l'église. Plus un seul d'entre eux ne se trouvait dans l'ambulance, quand la toiture s'effondra.

Pendant quatre jours l'abbé de Beuvron assista les blessés, mouillant leurs lèvres altérées et pansant leurs plaies. Quelques biscuits trouvés dans les sacs de ceux qui avaient

succombé, quelques lambeaux de chair arrachés aux chevaux abattus lui permirent d'empêcher la faim d'achever un grand nombre de ces malheureux. Que de fois son nom fut béni par eux, que de fois il releva leur courage et essuya leurs larmes ! Trop heureux s'il avait pu soulager toutes les misères et guérir toutes les douleurs !

« Le lendemain de la bataille, rapporte-t-il, je fus témoin d'une scène atroce, où le génie prussien se manifestait tout entier. Dans l'après-midi, le pasteur protestant vint m'avertir que quinze malheureux paysans alsaciens allaient être fusillés pour avoir, disait-on, mutilé des soldats prussiens.

» Le ministre avait été solliciter leur grâce auprès du général ; mais il n'avait rien pu obtenir, et il me priait d'aller faire à mon tour une nouvelle tentative en faveur de ces infortunés. Je partis sur-le-champ.

» Le général était au bivac ; il me reçut assez durement et me dit qu'il était inutile d'insister davantage, que les quinze coupables allaient être fusillés sans délai.

» — Mais au moins, général, ajoutai-je, je suis prêtre catholique, permettez-moi d'aller porter les secours de mon ministère à ceux qui appartiennent à mon Église.

» — Oh ! oui, monsieur, allez, et il me donna un planton pour me conduire auprès des condamnés.

» Le trajet ne fut pas long. A quelques pas de là, dans le même champ, quinze paysans, parmi lesquels des enfants de quatorze ans et des vieillards de soixante, étaient attachés les mains derrière le dos à une grosse corde qui les maintenait tous sur une même ligne. Quand ils m'aperçurent, ils tombèrent tous à genoux en poussant des cris déchirants ; je ne savais pas l'allemand et nul d'entre eux ne comprenait le français... Je leur fis signe, en montrant le ciel, de mettre en Dieu toute leur confiance ; puis étendant la main, je prononçai sur eux les paroles de l'absolution. Je m'éloignai le cœur navré. »

VI

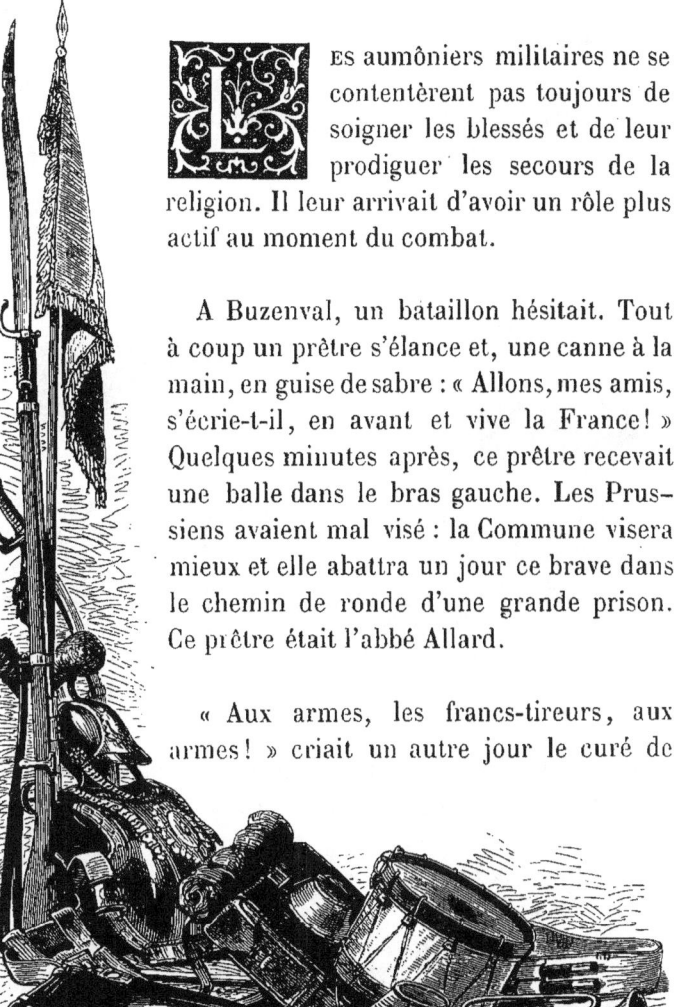

Les aumôniers militaires ne se contentèrent pas toujours de soigner les blessés et de leur prodiguer les secours de la religion. Il leur arrivait d'avoir un rôle plus actif au moment du combat.

A Buzenval, un bataillon hésitait. Tout à coup un prêtre s'élance et, une canne à la main, en guise de sabre : « Allons, mes amis, s'écrie-t-il, en avant et vive la France ! » Quelques minutes après, ce prêtre recevait une balle dans le bras gauche. Les Prussiens avaient mal visé : la Commune visera mieux et elle abattra un jour ce brave dans le chemin de ronde d'une grande prison. Ce prêtre était l'abbé Allard.

« Aux armes, les francs-tireurs, aux armes ! » criait un autre jour le curé de

Moigny, et à la tête du bataillon il se glisse dans des sentiers étroits, gagne un vallon et fait prendre aux Français les meilleures positions de combat. Les Prussiens arrivent, mais ils sont arrêtés par une fusillade bien nourrie. Le désordre se met dans leurs rangs et les francs-tireurs en profitent pour les charger à la baïonnette. Malheureusement, dans la mêlée, le curé reste aux mains des Allemands. On l'attache par les poignets, on le place entre

deux cavaliers et on l'entraîne au galop loin du champ de bataille. Déjà son corps bondissait sur les pierres, laissant après lui une traînée de sang, quand ses liens se rompirent et rendirent la liberté au vaillant prisonnier.

« Général, l'ennemi est à 20 ou 25 kilomètres d'ici; il ne sera pas sur vos talons avant demain matin. Votre troupe est fatiguée, elle peut donc se reposer, mais pas dans le village qui est dominé de tous côtés par des hauteurs. A

3 kilomètres, en suivant la route, au sommet de cette petite côte, vous trouverez un plateau qui contourne la rivière et qui forme une presqu'île boisée. Vous y serez en sûreté. »

Et le bon curé qui parlait ainsi à un de nos généraux, prit la tête de la colonne et la conduisit à l'endroit indiqué.

Puis il revint. Avec les quatre soldats qu'il avait demandés, il veilla toute la nuit, nuit longue et froide, en attendant les Prussiens. Quand ils se présentèrent aux portes du village, les soldats étaient déjà partis pour annoncer leur approche. Seul, le prêtre restait. La colonne française était sauvée, mais le village n'avait plus de pasteur : les Prussiens l'avaient tué.

« Un commandant d'état-major de l'armée de Paris me disait qu'il n'oublierait jamais un spectacle dont il avait été témoin pendant la campagne et qui lui avait arraché des larmes d'admiration. Un bataillon, décimé par la mitraille, commençait à faiblir et allait battre en retraite, lorsque l'aumônier s'avance avec calme et en silence, se place au premier rang, et tenant de la main gauche un soldat par le bras et de la main droite son crucifix, conduit en avant d'un pas ferme et intrépide tout son bataillon.

» Nous avons eu souvent de pareilles scènes à l'armée de la Loire. Nous avons vu au Mans le R. P. Doussot, ce fidèle compagnon des zouaves pontificaux, sauver le drapeau de sa légion et tomber ensuite entre les mains de l'ennemi qui l'abreuva d'outrages (1). »

A quelques kilomètres de Sedan, la grande route de Mouzon traverse un village qu'elle coupe en deux. A droite et à gauche du chemin, des maisons pittoresquement étagées le long de la rampe s'accotent les unes aux autres et semblent

---

(1) *Journal d'un aumônier militaire*, par l'abbé de Beuvron, 78.

converser entre elles, comme le soir, au retour des champs, les vieilles femmes sur le pas de leurs portes. Ce village était à peine connu vers la fin du mois d'août 1870. Quelques semaines après, son nom était dans toutes les bouches. L'héroïque courage d'une poignée de soldats, soutenus et appuyés par des paysans intrépides, l'avait rendu à jamais célèbre.

Un prêtre avait été l'âme de cette magnifique résistance, qui coûta à Bazeilles tant de décombres et tant de sang !

Au moment où les Bavarois, chassés une première fois, allaient rentrer dans le bourg, le vieux curé, du milieu du parvis, appela tous ses paroissiens aux armes. Il pressentait que, dans leur fureur, les ennemis se permettraient tous les excès et il tentait de racheter le déshonneur au prix de quelques cadavres.

A son appel, hommes, femmes et enfants, tous répondirent, tous s'élancèrent, tous devinrent soldats. Les uns saisirent des fusils, les autres des fourches et des faux. On s'embusqua derrière les haies ; de chaque maison on fit une citadelle qui vomissait une pluie de balles, et dans les rangs prussiens des vides nombreux s'ouvrirent.

« A mort ! à mort ! » criaient les habitants de Bazeilles, et à ces cris les Bavarois répondaient par des hurlements terribles

Mais les paysans ne se laissaient point effrayer. Quand l'un d'entre eux tombait, ils voyaient le prêtre, ses longs cheveux blancs au vent, se pencher vers lui et l'absoudre. Cette vue redoublait leur courage.

La lutte continuait. Partout dans Bazeilles, des toits, des caves, de toutes les fenêtres, la fusillade faisait rage et un immense nuage blanc noyait toutes les maisons.

Alors les Bavarois mirent le feu à quelques granges. Une heure après, une épaisse colonne de fumée noire tourbillon-

nait au-dessus du champ de bataille. Le village flambait par tous les bouts.

Le lendemain, un conseil de guerre siégeait dans la plaine, sous un vieux chêne que la mitraille avait dépouillé comme le vent d'automne. Il pleuvait. Au centre d'un cercle formé par une compagnie de la garde, baïonnettes au canon, un prêtre était debout. Au loin Bazeilles fumait encore; mais la vengeance eût été incomplète, si le vieux curé n'avait pas été puni. L'ennemi le condamna à mort.

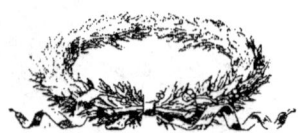

Dans cette même bataille, un certain nombre de soldats du 4ᵉ chasseurs avaient été faits prisonniers par les Prussiens. Cinquante-trois d'entre eux étaient conduits en Allemagne par un peloton de cuirassiers blancs. Un soir ils arrivèrent épuisés de fatigue, dans un village des environs de Montmédy. On les enferma dans l'église dont on retint les clefs et, après avoir solidement barricadé les portes et placé des sentinelles pour empêcher toute évasion, les cavaliers, aussi fatigués que leurs prisonniers, s'endormirent.

« Nous étions rangés de notre mieux sur les bancs et je crois que je dormais déjà, racontait quelque temps après l'un des chasseurs à M. Blondeau, sous-préfet, quand j'entendis, sur le coup de minuit, une voix qui me dit: « Chasseur! chasseur! »

» Je me frotte les yeux, je regarde et j'aperçois la tête du curé qui sortait dans l'épaisseur du mur, par un trou carré que j'avais pris pour un placard à mettre les burettes.

« Voulez-vous vous sauver des Prussiens? nous dit le curé.

» — Certes, je le crois bien! Par où passe-t-on?

» — Ici; réveillez vos camarades, laissez brûler les cierges que j'ai allumés exprès et surtout pas de bruit, car les Prussiens sont tout près. »

» Chacun fut bientôt sur pied. Nous voilà l'un après l'autre, rampant dans l'ouverture de la muraille. Cette ouverture donnait sur une ancienne chapelle où l'on déposait

le matériel de l'église. Il y avait un vieux lutrin, un catafalque, des chandeliers noirs et tout l'attirail des morts. La fenêtre, qui n'avait pas de barreaux, était assez élevée, mais le curé y avait placé une échelle pour descendre dans le jardin du presbytère, que chacun traversa, tenant ses souliers à la main. Une petite porte nous donna bientôt sortie sur la campagne et le curé nous dit :

« Êtes-vous tous là?

» — Oui, mon prêtre, répondit un sergent.

» — Eh bien, mes amis, mettez vos souliers et détalons. »

» Nous suivions le bon curé sans rien dire et nous ne sentions plus de fatigue, le sentiment de la liberté nous donnant des ailes. Nous avions déjà marché pendant deux heures, lorsque le curé nous dit : « Mes enfants, vous voilà hors de danger du côté de vos gardiens; vous allez, dès que le petit jour paraîtra, apercevoir trois villages où il n'y a pas de Prussiens; vous vous séparerez, vous tâcherez d'y trouver des habits, et maintenant bon voyage et que le bon Dieu vous conduise.

» — Mais vous, monsieur le curé, qu'allez-vous devenir? Les Prussiens seront furieux; s'ils vous trouvent, ils vous fusilleront.

» — Ils ne me trouveront pas, car je ne peux pas rentrer.

— » Mais ils brûleront votre cure, votre église!

— » Est-ce que la liberté de cinquante-trois braves soldats comme vous ne mérite pas que j'aie risqué ma cure et mon église? »

» Nous étions attendris, nous pleurions; le curé nous a tous embrassés, et nous sommes partis. Oh! le brave homme! »

Tant de dévouement à la France fut payé par bien du sang.

Tout près de Reims, sur une croix tumulaire, on lit ces mots :

« *Ici repose l'abbé Ch. Miroy, mort victime de son patriotisme.* »

Celui qui dort sous la pierre était jeune encore. Les Prussiens, après avoir fait périr son père et sa mère dans les flammes, le fusillèrent pour avoir trop aimé la France et sauvé au péril de ses jours la vie de plusieurs Français. Cela s'appelait dans le code tudesque : « *crime de trahison envers les troupes de Sa Majesté.* »

C'est pour le même motif que les Allemands se saisirent un jour d'un vieillard de quatre-vingts ans, l'abbé Cor, curé dans les Ardennes. Il avait, disaient-ils, favorisé la marche des armées françaises et arrêté celle des Prussiens. On le lia à la queue d'un cheval et on le traîna ainsi sur la grande route. L'infortuné vieillard ne fut bientôt plus qu'une plaie. Ses vêtements étaient déchirés, ses mains, son visage couverts de sang. Il fit horreur à ses bourreaux eux-mêmes, qui l'abandonnèrent dans un fossé.

Un autre jour, un officier allemand entrait dans un cachot. Là se trouvait un jeune prêtre attaché aux mobiles des Basses-Pyrénées. Pris pour un franc-tireur à cause de son costume, il avait été, malgré son brassard, fait prisonnier dans un des combats livrés sous Dijon et jeté en prison.

Mais l'erreur avait été reconnue et le major, qui allait faire remettre l'aumônier en liberté, voulait auparavant essayer d'avoir de lui quelques renseignements sur l'effectif de son bataillon.

Ce fut peine entièrement perdue de sa part.

En vain parla-t-il de faire fusiller le jeune prêtre. Pour toute réponse celui-ci se contenta de le regarder fixement et de lui dire : « Faites, je suis prêt ! »

Encore un traître sans doute aux yeux de certaines gens !
Traître aussi l'abbé Blanc, tué d'une balle à Choisy !
Traître l'abbé Lamarche, décoré pour sa belle conduite à Gravelotte !

Traître l'abbé Delpech, décoré pour avoir servi d'éclaireur, la nuit, à un convoi de blessés rentrant à Metz !

Traître l'abbé Garnier, décoré sur la Loire de la main même du général, qu'il alla ramasser sous le feu de l'ennemi et qu'il rapporta sur ses épaules !

Traîtres ces cent dix-huit prêtres à qui on conféra la croix de chevalier ou la rosette d'officier de la Légion d'honneur pour action d'éclat pendant la guerre !

Traître encore l'abbé Frérot, percé de deux coups de baïonnette, au moment où il donnait les secours de la religion à des mourants !

Traître l'abbé Le Goavec, aumônier de la garde mobilisée du Finistère, qui fut tué sur le champ de bataille en soignant les blessés !

Traître toujours le curé de Bue, près de Belfort, qui, ayant refusé de découvrir au général Prescow la direction prise par notre armée, fut frappé, insulté, conduit la corde au cou jusqu'au pied d'un chêne pour y être pendu, et ne dut la vie qu'à son magnanime courage ! Traître enfin ce curé inconnu dont le général Ambert a raconté ainsi l'héroïque histoire.

« Un terrible combat se livrait à quelques lieues du village des Horties; le bruit arrivait confus, faisant tressaillir tout ce qui vivait. L'air était déchiré par la mitraille, et dans le lointain on apercevait les noirs tourbillons de la poudre.

» Le curé était à l'autel; autour de lui, pâles de terreur, les villageois suppliaient Dieu de les protéger.

» Le bruit des clairons et des trompettes se fit entendre.

» Les Allemands voulaient avoir leur part de proie; ils apportaient le fer et le bronze pour écraser les Français. Leurs soldats n'étaient que trois contre un, il fallait être plus nombreux encore.

» Avant d'entrer dans le cercle enflammé, ils réunirent toutes leurs forces et firent une halte au carrefour des Châtaigniers. Un cercle de sentinelles protégeait leur repos qui devait être de courte durée.

» Quelque rapprochées que fussent ces sentinelles mobiles, leur surveillance ne put empêcher deux jeunes gens de se glisser de buisson en buisson, de s'approcher doucement et de tirer sur les Prussiens. Quatre coups de feu se firent entendre et l'on vit les deux enfants bondir comme des chevreuils et se précipiter dans un champ de blé. Vingt balles sifflèrent à leurs oreilles, mais on ne trouva sur la terre aucune goutte de sang; plusieurs fois, dans leur course, les deux tireurs avaient été vus. Ils étaient fort jeunes, alertes et audacieux, et ils tiraient habilement, car trois Prussiens roulaient à terre atteints en plein poitrine. La quatrième balle couronnait l'aigle à deux têtes qui ornait la plaque d'un casque d'officier.

« Fusils de chasse à deux coups, » dit cet officier.

» On vit alors un détachement de soldats allemands se diriger vers le village. En y entrant, ils s'emparèrent de six habitants, les premiers venus, et les conduisirent chez le maire. Le chef du détachement dit à ce fonctionnaire : « Vous êtes ici la première autorité, je viens donc, au nom de mon auguste souverain, vous dire que des coups de feu ont été tirés sur les soldats de Sa Majesté, près de votre village. Étant les plus rapprochés du théâtre du crime, vous êtes responsables. Il faut nous livrer les coupables, ou bien six habitants seront fusillés pour l'exemple. Hâtez-vous de faire les désignations, j'attendrai jusqu'à demain à onze heures. L'exécution devant avoir lieu à midi, vous n'avez pas de temps à perdre ; en attendant, votre village est occupé militairement et je garde les six prisonniers. »

» On ne saurait peindre la désolation des pauvres gens du village. Les femmes poussaient des cris lamentables, les hommes cherchaient à fuir, mais les Allemands faisaient bonne garde. Les habitants se réunirent et il fut convenu, au milieu des sanglots, que le sort désignerait les victimes.

» Ceux qui avaient fait feu sur les Allemands n'appartenaient point à la commune ; ils venaient de loin et suivaient la colonne prussienne pour choisir le moment favorable à la vengeance. Peut-être leur père était-il assassiné, leur mère morte de douleur, leur maison incendiée !

» La journée se passa en discussions, en gémissements, en désespoirs.

» Le maire, le curé, M. Gerd et deux vieillards plus qu'octogénaires supplièrent vainement l'officier prussien de pardonner ; on lui prouva que les habitants étaient étrangers à cette *trahison;* les femmes vinrent pleurer à ses pieds. Tout fut inutile. Le capitaine faisait exécuter sa consigne avec une bienveillante raideur, une froide politesse, mais sans colère et sans injures.

» Les six malheureux que le sort avait désignés furent livrés à cinq heures du soir et enfermés dans la salle d'école au rez-de-chaussée de la mairie.

» L'officier prussien autorisa le curé à porter à ces hommes les consolations de la religion. Ils avaient les mains attachées derrière le dos. Une même corde leur liait les jambes.

» Le prêtre trouva ces hommes dans un tel état de prostration qu'ils comprenaient à peine ses paroles. Deux d'entre eux semblaient évanouis, un autre était en proie au délire de la fièvre. A l'extrémité de la corde, la tête haute et le front calme en apparence, se trouvait un homme de quarante ans, veuf et père de cinq enfants en bas âge, dont il était l'unique soutien.

» Il sembla d'abord écouter avec résignation les paroles du prêtre, mais saisi par le désespoir, il se laissa bientôt aller aux plus abominables imprécations. Il maudissait la nature entière. Passant du désespoir à l'attendrissement, il pleurait sur ses enfants, voués à la mendicité, à la mort peut-être. Alors il voulait que ces cinq enfants fussent, avec lui, livrés aux Prussiens; saisi d'un rire satanique, il s'écriait : « Oui, c'est le petit Bernard, âgé de trois ans, qui a tiré sur ces gredins. »

» Tous les efforts du prêtre furent inutiles pour ramener la paix dans cette âme brisée. Le curé sortit et marcha lentement vers le corps de garde où se tenait l'officier. Celui-ci fumait dans une grande pipe de faïence. Il écouta le curé sans l'interrompre.

« Monsieur le capitaine, dit le prêtre, on vous a livré six otages qui, dans quelques heures, seront fusillés. Aucun d'eux n'a tiré sur votre troupe. Les coupables s'étant échappés, votre but n'est pas de punir ceux qui ont attaqué, mais bien de faire un exemple pour les habitants des autres localités. Peu vous importe donc de fusiller Pierre ou Paul, Jacques ou Jean. Je dirai même que plus la victime sera connue, plus l'exemple sera salutaire. Je viens, en consé-

quence, vous demander la faveur de prendre la place d'un pauvre père de famille dont la mort plongera dans la misère cinq petits enfants. Lui et moi sommes innocents, mais ma mort vous sera plus profitable que la sienne.

» — Soit, dit l'officier. »

» Quatre soldats conduisirent le curé dans la prison ; il fut garrotté avec les autres victimes.

» Le paysan, père des cinq enfants, embrassa son curé et rentra dans sa demeure, félicité par tous.

» Nous ne chercherons pas à peindre les angoisses de la nuit. Lorsque le jour parut, le curé avait ranimé le courage de ses compagnons d'infortune. Ces misérables, abrutis par la peur, étaient devenus, à la voix du prêtre, de glorieux martyrs que soutenaient la foi du chrétien et l'espérance d'une vie meilleure.

» A onze heures, une escorte attendait à la porte et les prisonniers se mirent en marche. Le curé était en tête, récitant à haute voix l'office des morts. Sur le chemin, les villageois agenouillés jetaient un dernier regard sur leur pasteur.

» On approchait du lieu choisi pour l'exécution, lorsqu'un major prussien qui passait par hasard avec une ordonnance s'arrêta.

» La vue du prêtre fixa son attention. Le capitaine lui expliqua la chose, qui parut au major moins naturelle qu'à son subordonné. Le major fit suspendre l'exécution et adressa un rapport au général. Celui-ci fit comparaître le curé.

» L'explication fut courte. Le général était un homme de cœur qui comprit tout. Il dit au curé : « Monsieur, je ne puis faire une exception en votre faveur, et cependant je ne veux pas votre mort. Allez, et dites à vos paroissiens qu'à cause de vous, je leur fais grâce à tous. Que ce soit la première et la dernière fois. »

» Lorsque le curé fut parti, le général prussien dit aux officiers témoins de cette scène : « Si tous les Français avaient

LE CLERGÉ SÉCULIER. 65

le cœur de ce prêtre, nous ne resterions pas longtemps de ce côté du Rhin ! »

C'est ce que répéta plus tard, dans une circonstance solennelle, le prince Frédéric-Charles, et ce qui nous fait demander sans crainte ce que M. Edouard Laboulaye demandait un jour à l'Assemblée nationale (1) au milieu des applaudissements de tous : « Est-ce que pendant la guerre les prêtres ont été moins bons Français que les soldats ? »

(1) 5 juin 1875.

LIVRE DEUXIÈME

LE CLERGÉ RÉGULIER

LE CLERGÉ RÉGULIER

I

A la base de tout vrai patriotisme le sacrifice resplendit. C'est sur le sacrifice, le sacrifice complet et absolu de tout ce qui épanouit le cœur humain, le sacrifice depuis le départ du foyer paternel et l'adieu dit en larmes à ceux que l'on y laisse, jusqu'à l'adieu jeté sans regrets dans la mêlée à la vie elle-même que le véritable amour du pays repose. Famille, avenir, existence, le patriotisme exige qu'à heure fixe on soit prêt à tout sacrifier. Or, la vie religieuse n'est-elle point par excellence la grande école du sacrifice et du renoncement? Le religieux n'a-t-il point renoncé par avance et pour toujours à sa famille, à son avenir, à sa vie ? N'a-t-il point dit adieu « au monde, aux villes, aux sensualités, aux plaisirs, aux vanités, aux orgueils, aux intérêts (1) ? » N'a-t-il point juré enfin d'être, comme son maître, obéissant jusqu'à la mort, et l'obéissance jusqu'à la mort, n'est-ce pas en définitive le dernier mot du patriotisme sur le champ de bataille ? Les religieux étaient donc bien placés pour servir le pays sous l'orage. Et pourtant au moment même où deux provinces françaises tombaient aux mains de l'ennemi, il se trouva des hommes pour oublier l'étranger et ne s'occuper que de quelques moines ! Traqués de toutes parts, emprisonnés parfois, expulsés du territoire, les religieux furent abreuvés partout de mauvais traitements et d'injures. Même on ne se tint point pour satisfait de leur donner la chasse : on s'efforça encore de les déshonorer dans l'opinion publique, et pour y mieux réussir, on les dépeignit comme des citoyens sans patriotisme et sans courage, des lâches dans le cœur desquels la source des sentiments généreux était tarie depuis longtemps, des hommes enfin qui n'avaient droit qu'au mépris de tous.

A toutes ces calomnies les religieux répondirent simplement : en agissant.

Ressources, maisons, bras, vie même, ils mirent tout au service des malheureux blessés.

Le collège des Barnabites de Gien, celui des Oblats de Saint-Hilaire de Poitiers, ceux des Dominicains à Arcueil, des prêtres du Sacré-Cœur à Toulouse, des Pères du Sacré-Cœur à Issoudun, des Pères de Picpus à Poitiers, des Eudistes

---

(1) Victor Hugo

à Redon, à Besançon, à Valognes, pour n'en nommer que quelques-uns, s'ouvrirent devant les victimes de la guerre et furent les témoins d'incessants prodiges de dévouement. Plus de trois cents soldats furent soignés à Valognes et douze cents blessés ou malades éprouvèrent les effets de la charité religieuse dans le seul collège des Barnabites de Gien. Ces chiffres feront aisément deviner le nombre des malheureux, dont les souffrances furent soulagées par les membres du clergé régulier : à Paris on en a dressé la longue liste et on en a compté jusqu'à quinze mille ! Quinze mille infortunés qui, pour le plus grand nombre, seraient morts aujourd'hui si les ordres religieux n'avaient été là pour les disputer au tombeau !

II

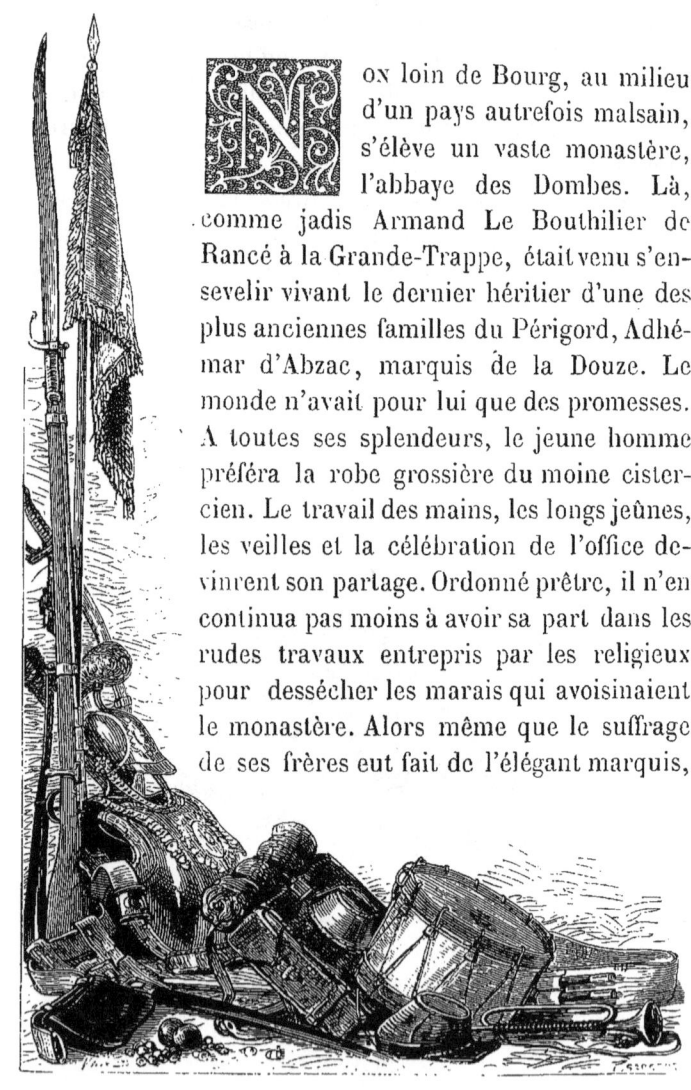

Non loin de Bourg, au milieu d'un pays autrefois malsain, s'élève un vaste monastère, l'abbaye des Dombes. Là, comme jadis Armand Le Bouthilier de Rancé à la Grande-Trappe, était venu s'ensevelir vivant le dernier héritier d'une des plus anciennes familles du Périgord, Adhémar d'Abzac, marquis de la Douze. Le monde n'avait pour lui que des promesses. A toutes ses splendeurs, le jeune homme préféra la robe grossière du moine cistercien. Le travail des mains, les longs jeûnes, les veilles et la célébration de l'office devinrent son partage. Ordonné prêtre, il n'en continua pas moins à avoir sa part dans les rudes travaux entrepris par les religieux pour dessécher les marais qui avoisinaient le monastère. Alors même que le suffrage de ses frères eut fait de l'élégant marquis, devenu le Père Augustin, l'abbé des Dombes, on le vit sou-

vent une pioche à la main, sous un soleil brûlant, donner

l'exemple à tous et rivaliser avec les plus jeunes d'ardeur et de courage.

Un jour, franchissant l'enceinte silencieuse du monastère,

la foudroyante nouvelle de la défaite de Forbach vint surprendre le Père Augustin au milieu de ses pénibles travaux.

Le soir même, après l'office, il appela tous les moines au chapitre.

Lorsqu'ils entrèrent un à un dans la salle capitulaire, l'abbé était déjà assis, calme et triste, sur son siège abbatial.

« Mes frères, dit-il, la main de Dieu vient de s'appesantir sur nous. Hier, l'ennemi a passé nos frontières. Demain, peut-être, nous aurons à enregistrer un désastre. La France est en danger. Que tous ceux qui le peuvent se lèvent et aillent la défendre pendant que les vieillards et les prêtres, comme autrefois Moïse, prieront ici pour leur salut et celui du pays. »

Le lendemain trente-deux religieux étaient réunis dans le cloître. L'abbé les bénit, et quelques instants après ils partaient pour l'armée.

A la défaite de Forbach s'étaient ajoutés de bien autres désastres, lorsque, à Bagé-le-Châtel, arriva vers la fin de novembre un fort détachement. Le lendemain, longtemps avant que le clairon eût donné le signal du départ, vingt-trois soldats étaient rangés autour de la table sainte. C'étaient les survivants des trappistes des Dombes. Sous l'uniforme, ils n'avaient pas oublié le Dieu qu'ils avaient servi sous le froc, et ils revenaient lui demander force et courage pour lutter comme ils avaient prié.

Pendant ce temps l'abbé des Dombes mettait dans son monastère cent vingt-cinq lits à la disposition du préfet de l'Ain. Les blessés affluèrent bientôt, et après eux les malades. Sans cesse à leur chevet, le Père Augustin y fut atteint de la variole au bout d'un mois. En quelques jours il fut à toute extrémité.

Alors, pour la dernière fois, la cloche du monastère convoqua les religieux autour de leur supérieur. Revêtu d'un cilice, couché sur la dure, le Père abbé, d'une main défaillante, bénit ses enfants présents et aussi ceux qui, loin de lui, combattaient pour la France. Puis il expira doucement, après avoir recommandé une fois encore aux religieux les blessés du monastère.

L'abbaye d'Aiguebelle fournit aussi son contingent au pays. Cinquante-deux religieux, moines ou convers, quittèrent leur solitude pour se rendre à l'armée. Lorsqu'ils arrivèrent au régiment, il n'y avait plus de conscrits parmi eux. Tous connaissaient le maniement du fusil et les éléments de la théorie militaire. C'est que pendant plusieurs semaines ils avaient fait l'exercice comme de simples recrues dans les cours de l'abbaye. Les paysans de Grignan purent même apercevoir quelquefois les futurs soldats, encore en robe de bure, s'abritant derrière les troncs d'arbres ou les

rochers et disséminés dans les collines, s'exerçant à l'école de tirailleurs, sous les ordres de l'un d'eux. Versé dans une légion de mobilisés, ce religieux y fut mis à la tête d'une compagnie qu'il commanda durant toute la guerre. La paix signée, il déposa ses épaulettes, et, accompagné d'une trentaine de ses hommes, regagna tout joyeux l'abbaye.

Mais avec cette vaillante escouade ne rentraient pas au

monastère tous ceux qui en étaient sortis. Aiguebelle allait payer, elle aussi, la dîme du sang. Quelques religieux étaient encore retenus loin de ses murs. L'un était prisonnier à Ingolstadt, l'autre était perdu au fond des déserts du Laghouat, et les derniers se battaient sous les murs de Paris. Ce fut parmi eux que la Providence choisit la victime.

Au lendemain de Mentana, un sergent de l'armée française vint visiter avec quelques camarades la Trappe des Trois Fontaines, à Rome. La vie régulière des moines le frappa vivement. Le silence, le calme, la paix profonde qui régnaient dans ces longs cloîtres parlèrent au cœur de ce brave, fait depuis longtemps à l'agitation des casernes et au tumulte du champ de bataille. Il réfléchit, puis revint seul à l'abbaye. Peu à peu ses visites se multiplièrent. Une force mystérieuse l'attirait, comme malgré lui, au milieu de ces moines. Une heure sonna enfin où la grâce parla en souveraine ; dès lors la résolution du soldat fut prise. Quand son congé fut fini, oublieux de son village, il alla droit à une Trappe et demanda à être admis à Aiguebelle en qualité de frère convers.

Six mois plus tard, la guerre éclatait. Le frère Maxime, appelé le 17 août à l'armée du Rhin, comme ancien militaire, fut incorporé au 6e chasseurs à pied où on lui rendit immédiatement ses galons de sergent.

Le 30 octobre, il donnait sous les murs de Dijon.

Sa compagnie, forte de 164 hommes, était postée au village de Varois. Boulets et boîtes à mitraille pleuvaient sur ce point. Mais les chasseurs n'étaient pas hommes à lâcher pied au feu. Déployés en tirailleurs, s'abritant derrière les haies, ils répondaient à l'ennemi par des feux à volonté, précis et de sang-froid, qui faisaient beaucoup de ravages. Malheureusement leurs rangs s'éclaircissaient d'heure en heure. Déjà deux de leurs officiers avaient été blessés. Bientôt le troisième fut à son tour hors de combat. Vint même un moment où pour commander aux soldats de la ligne, aux mobiles et aux francs-tireurs rassemblés à Sainte-Apollinaire, village sur lequel on avait dû battre en retraite, il ne resta plus que le frère Maxime et un autre sous-officier de chasseurs.

« Tu t'y entends mieux que moi, lui dit celui-ci. A toi le commandement et en avant ! »

Aussitôt le sergent trappiste groupe quelques hommes, entraîne ceux qui semblaient hésiter et ranime la lutte qu'il dirige seul sur ce point jusqu'à la nuit noire.

Le lendemain, le frère Maxime était sous-lieutenant.

A la paix, il avait, en qualité de lieutenant, le commandement provisoire d'une compagnie dans un régiment de marche.

Mais ce rapide avancement n'avait rien pour l'éblouir.

« Qu'il me tarde, écrivait-il quelques jours avant son départ pour l'armée de Versailles, d'échanger mon épée contre une pioche. Aiguebelle est pour moi le clocher du village. Je retournerai dans ses murs et dans ses murs je mourrai. »

La Providence en avait décidé autrement. Le moine-soldat avait droit à une place dans les rangs de la glorieuse phalange à laquelle la Commune allait assurer la palme du martyre. Dieu la lui accorda.

Le 22 mai, dans la matinée, quelques soldats se dirigeaient, au milieu de la fusillade, vers l'ambulance anglaise de la rue d'Aguesseau. Sur une couverture de campagne ils portaient un officier blessé. Il ne fallut pas longtemps aux chirurgiens pour renoncer à tout espoir. La balle, qui avait atteint le jeune officier au moment où, le premier de sa compagnie, il attaquait une barricade, avait pénétré de haut en bas et fait de tels ravages que rien ne pouvait plus conjurer une catastrophe.

Cependant le blessé venait de reprendre connaissance. Sa première parole fut pour demander un prêtre. Quand celui-ci, appelé en toute hâte, s'approcha du lit, l'officier lui dit : « Monsieur l'abbé, je suis religieux, trappiste, veuillez me confesser. » A cet instant même le vaguemestre apportait une lettre au lieutenant. C'était une délicatesse de la Providence : la lettre était du maître des novices d'Aiguebelle. Au milieu de Paris embrasé, la bénédiction du supérieur venait chercher sur son lit de mort le moine que la Commune avait renversé, en croyant tuer un soldat. Le blessé, après s'être confessé, put envoyer un dernier souvenir au monastère qu'il ne devait plus revoir. Puis il expira doucement, précédant de quelques jours au ciel ses frères

d'une autre robe, qui allaient ensanglanter l'enclos de la rue Haxo et les chemins de ronde de la Roquette.

Toutes les Trappes luttèrent de charité et d'abnégation avec Aiguebelle et les Dombes.

Sept-Fonds regorgeait de malades. L'abbaye du Port-du-Salut, dans la Mayenne, logea durant trois mois cent dix cavaliers et donna pendant quelques jours l'hospitalité à 1800 soldats. L'abbé de la Grâce-de-Dieu établit dans sa maison une ambulance où furent reçus et soignés les malades et les blessés qui sortaient de Belfort. En vingt semaines, huit religieux, devenus infirmiers volontaires, tombèrent auprès de leurs malades, frappés à mort par la petite vérole noire. Combien d'autres ne s'exposèrent-ils pas à cette fin hideuse avec le même courage! Si, par aventure, l'intendance, effrayée du péril, offrait de faire évacuer les varioleux sur les ambulances spéciales établies à cet effet, les religieux s'y refusaient. Comme les Prêtres de la Miséricorde, à Orléans, ils déclaraient qu'ils mourraient, s'il le fallait, mais qu'ils ne se sépareraient pas de leurs malades. Et les municipalités radicales du moment rendaient elles-mêmes hommage à ce magnanime héroïsme ! Mais aujourd'hui tout est oublié, et comme leur maître commun, ces hommes en qui l'on saluait alors des héros, montent au calvaire, après avoir connu les hosannah du peuple et les applaudissements de la synagogue !

Pendant que leurs frères s'employaient auprès des blessés et des malades dans leurs maisons transformées en ambulances, un bon nombre de religieux avaient quitté leurs cellules. Ils suivaient les bataillons sur la Loire ou dans l'Est pour assister les mourants jusque sous le feu de l'ennemi.

Le P. Louis Antoine était gardien du couvent des capucins de Besançon, quand la guerre éclata. Un grand nombre de mobiles avaient été concentrés autour de la vieille citadelle espagnole, tant pour défendre la ville que pour soutenir l'armée de l'Est. Par un froid de vingt-deux degrés, ces troupes étaient sans abri. Le P. Louis Antoine, non content d'offrir au général Rolland la chapelle du couvent pour les mobiles, mit de plus à la disposition de la Société de secours aux blessés tout son personnel pour être employé dans les ambulances.

L'offre fut acceptée et, le soir même, les capucins entrèrent dans les ambulances pour ne les plus quitter.

Huit mois s'écoulèrent au milieu d'incroyables fatigues. Lorsque les religieux revinrent dans leur couvent, la cellule du plus jeune d'entre eux resta vide : Dieu l'avait appelé du chevet des malades à l'éternel repos.

Pendant ce temps, le P. Louis Antoine avait d'abord été détaché à Montbéliard pour y diriger une ambulance, puis envoyé à l'armée de la Loire où Mgr Dupanloup réclamait des aumôniers parlant l'allemand.

Arrivé à Beaune pendant la bataille de Patay, il organisa avec l'aide de quelques sœurs de charité, que la Providence avait mises sur son chemin, un service pour l'évacuation des blessés qui affluaient de toutes parts. En quelques jours, quatre mille infortunés passèrent entre ses mains. — La prise de Blois interrompit ce service. Mais d'innombrables blessés avaient été oubliés dans les hameaux et dans les fermes. Ordre fut donné au courageux capucin de rayonner autour de Beaugency et de porter secours à tous ces malheureux.

C'est dans une pauvre chaumière de Meung-sur-Loire, qu'il fut arrêté un jour par les Prussiens ; en l'entendant parler allemand, l'ennemi l'avait pris pour un espion. — On voulait le fusiller d'abord. — Son costume religieux le sauva de la mort, mais il ne l'empêcha pas d'être jeté dans un cachot où on le laissa plusieurs semaines. Au sortir de prison, il fut interné à Orléans où il reprit et continua jusqu'à la fin de la campagne ses triples fonctions d'infirmier, d'aumônier et de quêteur.

Dix-neuf autres intrépides volontaires quittèrent, au commencement d'octobre, la maison des Eudistes de Redon pour se disséminer dans divers corps d'armée. Quand la paix fut signée, cinq étaient morts et reposaient dans la fosse commune du champ de bataille, parmi les soldats qu'ils avaient consolés à leurs derniers moments. L'un d'eux, le P. Gelon, franc Breton dont nous voyons encore la figure rude et souriante à la fois, avait été frappé au milieu des mobiles de la Manche qu'il avait si souvent égayés de ses spirituelles reparties, durant les pénibles marches d'une campagne d'hiver.

Tomber ainsi en face de l'ennemi, pour la France et pour

Dieu, c'était le désir le plus vif d'un autre prêtre, vaillant entre les vaillants, le P. Dulong de Rosnay, mariste. « J'aurais mille fois donné ma vie, a-t-il écrit depuis, pour sauver ma patrie ou le dernier de ses enfants. » Dieu n'agréa pas le sacrifice, et la mitraille qui, comme les flots, lui est soumise, passa en épargnant celui qu'il protégeait.

Nommé aumônier dans l'ambulance du docteur Tillaux, le P. Dulong de Rosnay arriva au commencement du mois de septembre sur le champ de bataille de Sedan. La lutte gigantesque qui s'y était livrée la veille avait pris fin. Malgré tout, la plus horrible des mêlées a, tant qu'elle dure, quelque chose de sombrement grandiose. A travers ces épais et blancs nuages de poudre que déchirent, avec des roulements de tonnerre, les éclairs des batteries, et où l'on voit étinceler les sabres nus de cavaliers chargeant à fond de train, ou crépiter les feux de fantassins qui meurent à leur poste sans reculer, on sent l'effort magnifique, surhumain par certains côtés, de l'homme puisant aux sources les plus généreuses de son cœur pour faire son devoir au péril de ses jours. Spectacle sublime et saisissant, parce qu'il n'y a rien de plus grand au monde que le devoir accompli malgré la mort. — Mais quand les tourbillons de fumée se sont évanouis, quand on n'entend plus ni les éclats enivrants du clairon, ni la voix mâle des chefs, ni le bruit de la canonnade, quand la mort triomphe, en un mot, et qu'il n'y a plus qu'elle, sur le champ de bataille descend une indicible horreur, comme celle qui couvrirait un cimetière saccagé et dont une main sacrilège aurait violé toutes les tombes.

Tel était l'aspect des environs de Sedan, où, au milieu du sang et du silence, hommes et chevaux gisaient en proie, pêle-mêle, à la même corruption.

Pendant trois semaines, le P. Dulong demeura au milieu de ce champ de carnage, soignant ceux qui respiraient encore, bénissant ceux qui allaient mourir, ensevelissant les restes décomposés de ceux qui avaient succombé durant la lutte.

Lorsqu'il s'éloigna, la Providence lui ménagea une nouvelle occasion de faire éclater aux yeux de tous sa charité. Un bataillon de chasseurs à pied avait été broyé à Critot, dans un accident de chemin de fer. Le P. Dulong de Rosnay fut envoyé au secours de ces infortunés qu'il ne quitta que pour aller rejoindre l'armée de Cambriels, dans les Vosges. Pris par les Prussiens, il fut par eux jeté en Suisse. Mais son patriotisme ne pouvait s'accommoder de l'inaction. Quelques jours après il rentrait en France, assistait avec le 18ᵉ corps aux combats de Beaune-la-Rolande et de Gien, et, avec lui aussi, hélas! était refoulé sur Bourges. Des ordres supérieurs l'arrêtèrent dans cette ville et l'empêchèrent de suivre le 18ᵉ corps dans l'Est. Incontestable honneur rendu à sa bravoure : car au poste le plus périlleux le chef destine le soldat le plus vaillant. — Dans les environs de Bourges était une immense usine qu'on avait transformée en ambulance d'opérations pour les hommes dont quelque membre avait été gelé. C'est là, au milieu d'une pourriture vivante, que son chef de corps, qui le connaissait bien, envoyait le P. Dulong. Il y alla et tomba quelques jours plus tard auprès du chevet d'un artilleur atteint du tétanos et qu'il avait voulu soigner lui-même. Le mal ne le terrassa point, mais il ne lui laissa de sa santé que des ruines, preuves aussi éloquentes qu'indiscutables de son amour pour la France et de son dévouement à nos soldats.

Plus heureux, le supérieur des Récollets, atteint de la petite vérole dans une ambulance, alla cueillir au ciel une immortelle palme. La congrégation des Oblats de Marie, qui a donné au diocèse de Paris S. E. le cardinal Guibert, dont la France entière admirait alors la courageuse fermeté à Tours, eut aussi sa part dans ce douloureux holo-

S. E. le cardinal Guibert.

causte. Le P. de Layre succomba de fatigue. Le P. Dargand, de l'Oratoire, mourut des suites de la guerre. Deux de ses confrères de Juilly revinrent épuisés. Mais pourquoi essayer de nommer ici tous ceux qui payèrent du sacrifice de leurs jours leur dévouement à la patrie ! Qu'il nous suffise de dire que des Pères du Sacré-Cœur de Toulouse, des Prêtres de Picpus, des Maristes de Redon et de Chavagnes, des Dominicains, des Barnabites, des Capucins, des Cisterciens, des Chartreux, des Prémontrés, des Carmes, des Trappistes parurent sur les champs de bataille et que tous affrontèrent la mort avec une assurance qui fit plus d'une fois l'admiration des plus intrépides officiers.

Plusieurs d'entre eux furent renversés par les balles ennemies à côté même des combattants.

A Cravant, près Orléans, deux Jésuites tombèrent le même jour sur le même champ de bataille, le premier, le F. Jardiné, tué d'un éclat d'obus, l'autre grièvement blessé. Le 29 novembre, le P. Mercier, Dominicain, reçut quatre coups de feu au combat de Villers-Bretonneux, où il avait, dit le général Faidherbe, « fait preuve d'un courage remarquable ». Il fut décoré, ainsi que son confrère, le P. Jouin, attaché comme lui à l'armée du Nord. Le P. Chavagne, Mariste, aumônier des mobiles du Puy-de-Dôme, fut aussi nommé chevalier de la Légion d'honneur pour action d'éclat. Le P. Chaboissier reçut la médaille militaire. Le P. Briant, des Oblats de Saint-Hilaire de Niort, sauva, à l'affaire de Fréteval, une partie du bataillon auquel il était attaché, et fut publiquement complimenté devant les troupes pour cet acte de courage. Les Dominicains d'Arcueil furent signalés jusque dans le rapport de l'état-major général allemand, pour être allés relever des blessés dans les lignes prussiennes elles-mêmes aux combats de l'Hay et de Châtillon. Le drapeau blanc orné d'une croix rouge qui leur servait alors est encore conservé au collège, troué de balles et noir de poudre. Glorieux trophée qui, à chaque instant, prêche aux élèves l'amour de la France et le dévouement à la défense du pays.

III

Lorsque, après les capitulations de Strasbourg, de Sedan et de Metz, nos régiments furent envoyés en captivité, c'est encore à l'ingénieuse charité de quelques religieux qu'ils durent les adoucissements apportés à leur malheureux sort.

Certes là, comme dans les ambulances de campagne, il y avait bien des douleurs à consoler, bien des blessures à panser. Aux tortures morales d'un exil sous un ciel brumeux, loin de la patrie accablée par la défaite,

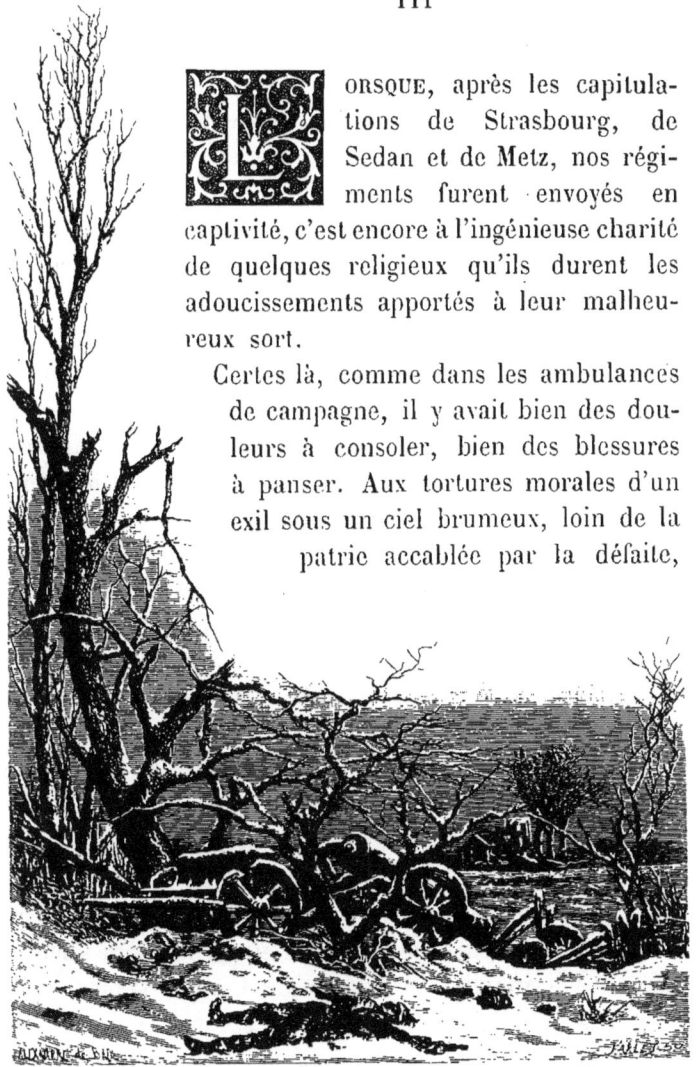

s'ajoutaient pour le pauvre prisonnier des tourments physiques de toutes sortes. Quand les Prussiens franchirent la frontière française, nul d'entre eux n'aurait osé espérer les désastres de Metz et de Sedan. Aussi furent-ils pris au dépourvu. — Après Sedan, l'armée prisonnière, mourant littéralement de misère, de froid et de faim, offrait un spectacle qui eût tenté le noir pinceau de Salvator Rosa ou celui de Michel-Ange, le peintre terrifiant des damnés de la Sixtine.

« Les Français, dit un Belge qui les visita alors, étaient parqués sur la terre nue, sans tentes, sans abris, comme des bêtes. Depuis trois jours qu'il pleuvait, on les avait laissés dans le même endroit et ils couchaient sur un sol trempé par les eaux. Il arrivait que ceux qui passaient la nuit à terre ne savaient plus se relever au matin et on était obligé de les mener aux ambulances. On en trouvait aussi qui étaient froids et ne bougeaient plus : c'étaient les morts. Tous les jours il fallait en emporter des tombereaux : on les empilait l'un sur l'autre après avoir constaté leur identité et on les enterrait dans les champs.

» Des amis avaient imaginé de se mettre dos à dos et demeuraient debout, sommeillant sans dormir. La plupart étaient tellement harassés qu'ils vacillaient comme des gens ivres et il en tombait çà et là sur les genoux et sur le flanc. Quelques-uns avaient gardé leur sac et ils s'asseyaient dessus, accroupis en eux-mêmes et soufflant sur leurs doigts pour les dégourdir. Des malheureux n'avaient plus d'habit et rôdaient en claquant des dents, ployés en deux, les bras croisés sur la poitrine. Il y en avait, du reste, qui préféraient ôter leurs habits et se mettre en bras de chemise à cause de la rigidité du drap percé. Comme je passais, un soldat faisait des efforts pour ôter ses bras de sa capote et n'y parvenait pas, tant la capote était raidie. Je pris

les manches et je tirai. L'homme n'avait plus qu'un lambeau de chemise sur l'estomac; ses bras étaient nus. Il me fit tâter sa capote: on eût dit du linge tordu au lavoir. De grosses plaques rouges marbraient ses bras et sa poitrine. Il suait et grelottait en même temps.

« On avait allumé des feux la nuit; les feux s'étant éteints faute de bois, ces misérables avaient voulu se réchauffer en courant: on leur avait défendu de courir. Alors ceux qui avaient des sacs les avaient mis par terre l'un contre l'autre, et trois ou quatre hommes, selon la quantité des sacs, s'étaient couchés dessus, puis un même nombre d'hommes était monté sur les premiers, et pêle-mêle, pour avoir un peu chaud et ne pas coucher dans la boue, on avait dormi en litée compacte.

« De la paille! » avaient crié le premier jour les soldats.

» On était demeuré sourd.

« Du pain! » avaient-ils crié ensuite.

» On ne leur en avait pas donné.

» Les vieux regardaient d'un air sombre les Prussiens et préféraient mourir plutôt que de leur demander quelque chose. Quand la faim les tenaillait, ils se mettaient à rire aux éclats pour se tromper eux-mêmes ou mâchaient dans leurs dents le bout de leur ceinturon de cuir. Les jeunes se lamentaient et parlaient de leurs familles avec des voix profondes et douces. Ils tendaient la main vers moi, gémissant :

« A manger ! »

» J'étais impuissant : la douleur me suffoquait. Je serrais leurs mains et je leur disais :

« Je n'ai rien. Mais espérez : je reviendrai.

» — Vite ! vite ! disaient-ils, nous mourons (1) ! »

Cette affreuse misère toucha les aumôniers. Ils quêtèrent dans la ville du pain pour ces pauvres affamés. Le 8 septembre, l'abbé de Beuvron distribua 500 rations de pain aux prisonniers. « La faim, dit-il, les avait presque réduits à l'état d'idiotisme. Ils nous regardaient avec de grands yeux hagards et dévoraient avec une avidité canine les quelques morceaux de pain que la charité publique leur envoyait. L'un d'entre eux était étendu sans connaissance aux pieds des soldats prussiens qui gardaient le camp. Je le relevai, je lui fis prendre quelques gouttes de rhum que

---

(1) C. Lemonier, *les Charniers*, 179-180.

je pris dans la gourde d'un Prussien fort étonné de mon audace, et, lorsqu'il fut un peu ranimé par cette liqueur, je lui donnai un morceau de pain qu'il engloutit à l'instant. Je me hâtai de revenir à la ville où je fis une nouvelle quête de 500 rations qui furent distribuées le soir même. Enfin, le 9 au matin, lorsque ces dix mille prisonniers partirent pour l'exil, je me trouvai sur leur passage avec une voiture chargée de 1000 rations de pain. »

Quand ces longs convois arrivèrent en Allemagne, on ne sut où loger les prisonniers. On en entassa quelques milliers dans les forteresses, mais le plus grand nombre n'eut d'autre abri que la tente. L'hiver était des plus rigoureux pourtant et la plupart des prisonniers étaient arrivés en Prusse sans aucun bagage. Aussi la maladie vint-elle bientôt faire dans ces rangs presque autant de victimes qu'en faisait la mitraille sur la Loire ou dans l'Est. Les soldats de Metz avaient importé la dysenterie. A ce fléau se surajoutèrent la fièvre et la petite vérole et, à partir de ce moment, bien des campements ne furent que de vastes hôpitaux. A Spandau, il y eut jusqu'à 500 malades sur 5000 prisonniers et à Mayence 1500 sur 2700. A Magdebourg, les fiévreux reposaient sous la tente en butte à tous les maux : la pluie, la neige étaient les moindres. Les lits

étaient dans la boue. Chaque malade s'enveloppait dans une couverture qui ne reposait que sur un peu de paille humide. L'eau remontait à travers la toile des tentes et retombait goutte à goutte sur ces malheureux. Par surcroît, un vent glacial soufflait au dehors, agitant les mobiles parois de ces pauvres réduits continuellement balayés par des courants d'air strident. Comment ces infortunés pouvaient-ils espérer d'échapper à la mort?

Prêtres et religieux se multiplièrent alors (1). Le soldat souffrait et avait besoin d'un consolateur; ce consolateur ne lui fit jamais défaut et, jusqu'au bout, il l'aperçut à ses côtés sous les traits bénis du prêtre, ami de sa première enfance et compagnon fidèle de toutes ses douleurs.

L'abbé Debras, vicaire d'Aire-sur-la-Lys, se fit attacher comme aumônier à un hôpital de Cologne et, lorsqu'il eut épuisé toutes ses ressources, il revint quêter dans les églises du diocèse d'Arras pour les infortunés qui souffraient loin de leurs mères sur un grabat allemand. Toutes les bourses s'ouvrirent devant lui et il put bientôt regagner l'Allemagne, muni d'abondantes aumônes. Un autre prêtre, attaché à l'armée de Metz et interné dans une forteresse où la maladie n'avait point pénétré, s'avisa de procurer quelques délassements à ses hommes, en quêtant de toutes parts des jeux hors d'usage. L'abbé Cleenewerk, vicaire à Bergues, reçut la récompense de son zèle avant la conclusion de la paix. Il fut emporté par la petite vérole noire qu'il avait prise en soignant les Français. L'abbé Guers, chapelain de Saint-Louis-des-Français, vécut dix mois au milieu des 8000 soldats internés à Ulm. Le typhus faisait d'épouvantables ravages parmi ces malheureux, qui, pour

---

(1) Citons les noms de quelques-uns de ces intrépides aumôniers : MM. les abbés Goerguenn, Monnier, Detz, Wibeau, La Bouille, Guers, Stande, Belmont, Rambaud, Debras, Uhlès, Lerebour, Lamarche, Galiot, Fortier, Vimar, Coulange, Wagner, Bonnel; les RR. PP. de Damas, de la Grange, Bailly, Dubray, Joseph, Staub, Laboré, Hermann, etc., etc.

la plupart, étaient pieds nus. Leur aumônier fut infatigable, et, jusqu'au bout, il consacra ses forces et son dévouement à tous ces pauvres gens.

C'est la ville d'Ulm qui fut aussi témoin des héroïques efforts du Père Joseph, Barnabite, nommé plus tard chevalier de la Légion d'honneur en récompense des services qu'il rendit alors aux prisonniers.

Ce religieux était aumônier à Strasbourg. Après la reddition de la place, il demanda comme une insigne faveur la permission de suivre nos soldats en Allemagne. On la lui accorda. Depuis ce moment jusqu'à la signature de la paix, il se dévoua au service des prisonniers.

Pendant les longues marches vers les forteresses allemandes, il relevait les courages et ranimait les cœurs. Les prisonniers avaient un si grand besoin d'être soutenus! Hâves, pâles, dévorés par la fièvre, les uns se traînaient

péniblement en s'appuyant sur des bâtons, les autres empruntaient le bras d'un camarade. Il y en avait qui d'épuisement crachaient le sang. Lorsque le chef d'escorte commandait le pas accéléré, ces malheureux devaient presser leur marche comme les plus forts. Peu de plaintes d'ailleurs, même dans la bouche de ceux que les Badois frappaient du plat de leur sabre, en leur disant : « Vous n'êtes plus des hommes, c'est à peine si nous vous considérons comme des chiens (1). »

Arrivé à l'étape, le P. Joseph allait mendier un peu de pain pour les prisonniers qui souvent en manquaient. Puis, lorsqu'il fut interné à Ulm, il sollicita de tous côtés l'envoi d'argent, de vivres, de vêtements.

Sous le patronage de la charité chrétienne, des comités se formèrent pour venir en aide aux captifs. La plupart des secours furent distribués par les aumôniers, qui, seuls, étaient en rapport avec les troupes, car les officiers français avaient dû s'engager par écrit à ne pas communiquer avec elles. Ce fut donc le prêtre qui parut en envoyé du ciel dans les casemates et qui dut guérir les plaies douloureuses de nos armées. Le P. Joseph recueillit et distribua à lui seul plus de 150 000 francs.

Il y avait un autre danger à prévoir et à écarter : l'ennui. Sans doute, le troupier français supporte la fatigue et les privations avec un admirable entrain. En Crimée, pas une division qui n'eût son petit théâtre. Il y avait toujours quelque bon apôtre, vieux soldat d'Afrique ou jeune loustic de Paris, pour se faire l'impresario de ces scènes non subventionnées par l'Etat. — Histoire de se distraire un instant, avant de recommencer à jouer *à la main chaude* avec les Russes, comme on disait alors. — Pendant la guerre de 1870, on organisa sur divers points du territoire des camps stratégiques. Celui de Conlie est demeuré fameux pour ce qu'on eut à y souffrir. Les autres ne valaient pas mieux. Dans l'un d'eux, établi au milieu d'une plaine où un vent furieux souffle presque sans discontinuité l'hiver, on avait

---

(1) Voy. le récit du R. P. Joseph.

construit quelques douzaines de baraques d'une architecture tout à fait primitive. Le vent était là comme chez lui : il entrait et sortait à volonté. Naturellement les pleurésies et les rhumatismes ne se comptaient pas. — Le soldat en riait et il écrivait sur cette baraque : *Ici on s'enrhume à*

discrétion; — sur cette autre : *Maux de gorge et d'entrailles au choix et au rabais.* — *Entrée libre;* — ou bien encore :

> *Et la garde qui veille aux barrières du camp,*
> *Nous défendra du vent*
> *En l'arrêtant.*

C'était sa manière à lui de se venger de l'incurie des

administrateurs, des vice-présidents civils et de tous les fonctionnaires qui se démenaient autour de lui, sans savoir lui assurer seulement le strict nécessaire.

Mais à Sébastopol, le soldat escomptait déjà la victoire : il la voyait venir à lui, — et à Graveson, il n'avait point encore expérimenté personnellement la défaite. De plus, il avait ici les rudes veillées d'armes de la tranchée, là les occupations multiples d'un camp où presque tout manquait.

Bien autre était la situation en Allemagne. Les prisonniers n'y étaient arrivés qu'après avoir épuisé jusqu'à la lie les amertumes d'une campagne malheureuse. — De plus, ils y étaient tous dans le désœuvrement le plus complet.

IV

À peine quelques-uns avaient-ils obtenu des généraux prussiens la permission d'exercer leur métier en ville. Les autres étaient parqués dans les forts comme un troupeau de bétail. Pour y tuer le temps, les artistes sculptaient des cannes, des boutons, des boucles d'oreilles; mais les artistes étaient rares et la plupart des captifs dépérissaient d'ennui. Afin d'obvier à ce péril, le P. Joseph fit venir de France 10 000 volumes et en constitua une bibliothèque à l'usage des prisonniers.

En même temps il posait les premiers jalons de l'*Œuvre des Tombes*, l'œuvre si éminemment française qui entretient les sépultures de nos soldats morts en Suisse, en Belgique et en Allemagne. Comme on le voit, il ne quittait

le prisonnier qu'au dernier moment, et jusque dans le cercueil il avait encore soin de lui (1).

Est-il besoin de rappeler ici un rapprochement fait bien souvent déjà ?

Renonçant à leurs biens personnels, les religieux avaient quitté le monde pour se consacrer entièrement à Dieu. Lorsque l'heure des épreuves arriva pour la France, ils n'avaient plus que leurs cellules et leurs bras. Ils mirent cellules et bras à la disposition du pays. Et pendant ce temps, des hommes, qui aujourd'hui les poursuivent et les accusent de manquer de patriotisme, envahissaient les préfectures et, loin du danger, vivaient dans une abondance scandaleuse.

Nous ne voulons rien rapporter par nous-même. Mais, pour ne citer qu'un exemple, n'avons-nous pas lu dans un acte authentique, dans un rapport parlementaire, les détails suivants sur ce qui se passa alors dans les Bouches-du-Rhône ?

« M. Esquiros créa, dès le 8 septembre, pour les besoins spéciaux de la préfecture et de ses hôtes, une caisse spéciale qui ne fut supprimée par M. Gent que le 25 novembre. Elle fut successivement confiée à deux membres de l'administration départementale : le premier, M. Léonce Jean, eut le titre de trésorier-payeur; le second, M. Charles Dupont, eut le titre plus significatif de trésorier-intendant général de l'hôtel de la Préfecture.

---

(1) Dans un rapport paru dernièrement au *Journal officiel*, le ministre de l'intérieur, rendant compte au président de la République de ce qu'il avait fait pour conserver les tombeaux des militaires morts pendant la dernière guerre, a loué le zèle patriotique déployé par l'œuvre dont nous parlons.

» Les livres, lorsqu'on en a établi, portaient la rubrique : « Subsistance de la Préfecture, » ce qui indique l'objet essentiel de la caisse, qui eut principalement à faire face à toutes les dépenses personnelles des administrateurs, ainsi qu'à l'entretien de la garde civique.

» Les principales ressources de la caisse furent les réquisitions que les préfets adressèrent au trésorier général, en vertu de deux crédits de 100 000 francs chacun, qu'ils s'étaient fait ouvrir pour volontaires de passage et dépenses

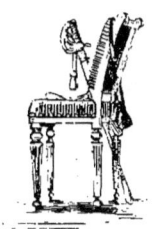

diverses, et pour l'organisation des corps francs, les 14 octobre et 7 novembre. Le ministre avait fait de grandes difficultés avant d'ouvrir ces crédits, faisant observer que, d'après les règlements, les dépenses des corps francs, jusqu'à leur remise à l'autorité militaire, étaient à la charge des départements et des communes. Mais dès que le préfet fut avisé enfin de l'ouverture des crédits, s'affranchissant complètement du contrôle du trésorier général, il retira les fonds de sa caisse par voie de réquisition, et les versa dans la caisse de la Préfecture, afin de pouvoir les détourner de leur destination, qui déjà était irrégulière, et les employer selon sa volonté.

» Les dépenses s'élevèrent à. . . . . .   261 169 fr. 98
sur lesquels 178 157 fr. 15 représentent des dépenses absolument étrangères à la destination des crédits ouverts.
» Le total des réquisitions sur le trésorier général fut de. 204 642   35
» Une somme de 55 517   63
fut prélevée sur d'autres ressources qui reçurent leur destination jusqu'à concurrence de. 39 202   05
» Le surplus, soit. 17 315   58
fut affecté illégalement aux dépenses en vue desquelles la caisse avait été créée.

» Dans une lettre datée du 15 juillet 1871, la préfecture de Marseille fait savoir : « que les dépenses faites par le premier trésorier, M. Léonce Jean, surpassant les recettes connues de 2638 francs, il faut admettre qu'il a puisé une somme au moins équivalente au dépassement dans les fonds de souscription que son successeur ne s'est fait aucun scrupule d'appliquer aux dépenses particulières de la caisse. »

» On voit, en effet, affecter aux dépenses de cette caisse les fonds provenant de la souscription patriotique, de dons de la Société républicaine d'Alexandrie, des reversements de solde, etc., etc.

» Voici un rapide aperçu des dépenses :

» Cuisine de la préfecture pour les administrateurs. . . . . 17 128 fr. »
» Dans cette somme sont compris les bouteilles de château-laffitte et de château-margaux à 7 et à 8 francs, les sirops, bombes glacées, punchs, gâteaux, perdreaux, cailles, grives, lièvres, volailles, truffes, etc., que ces austères administrateurs faisaient servir sur leur table.

» Frais personnels des administrateurs; blanchissage du linge des citoyens Esquiros, Delpech et Beaume; caisses de cigares extra à 30 cent., *Etoffes pour robes*, chemises, chaussures 2 876 75
» Cabinet des administrateurs (en deux mois) 4 941 75
» Frais de bureau et dépenses (lesquelles?) des administrateurs (en deux mois toujours) 8 764 25
» Employés de la caisse de la préfecture. 2 545 50
» Ordonnances de la préfecture et frais

de voitures (120 francs par jour à peu
près) 7 078 20
» Chauffage et éclairage 2 745 32
» Journées d'hommes et de femmes à la
préfecture. 4 504 10
» Secours aux républicains proscrits . . 5 484 70
» Achats de mobilier, *fauteuils de soie capitonnés*, etc. 5 656 50
» Frais de voyage de divers délégués. . 5 280 10

» Les gages (100 francs par mois) d'une femme J., qui s'intitule femme de chambre du citoyen Esquiros.

» Les gages (7 francs par jour) d'un économe de la cuisine de la préfecture; ceux d'un chef de cuisine de l'administration départementale; ceux d'un maître d'hôtel, d'un cambusier, de deux chefs, de cinq aides, etc.

» Le traitement du haut personnel, 3400 francs, représentant une indemnité individuelle de 500 francs par mois à chacun des membres du conseil départemental, tant qu'ils n'ont pas été nommés à des fonctions administratives.

» Les frais d'enterrement civil du fils de M. Esquiros, 595 francs; 107 paires de gants blancs pour le même objet, 275 francs, etc., etc. (1). »

Ainsi donc, pendant qu'en France, après les batailles de Frœschwiller, de Gravelotte et de Mars-la-Tour, après le désastre de Sedan, après l'investissement de Paris, on pleu-

rait dans chaque famille sur les morts ou sur ceux qui allaient mourir peut-être, à la préfecture des Bouches-du-

(1) Commission des marchés, Rapp. de M. de Mornay, ch. IV.

Rhône, on buvait du château-laffitte et du château-margaux ! On y mangeait des dragées et on s'y faisait apporter sirops, bombes glacées, punchs et gâteaux! Si du moins on n'avait pas fait supporter ces dépenses à la France! Mais c'est sur les fonds publics qu'on se payait tout cela ! Frais personnels des administrateurs, blanchissage du linge, chemises, bottes à l'écuyère, étoffes pour robes, paires de gants, c'était l'argent du Trésor qui soldait toutes ces dépenses ! Et ces hommes parlaient de dévouement au peuple, d'amour de la patrie, d'immolation, de sacrifice! O comédiens, que vous êtes habiles et que le peuple est sot!

V

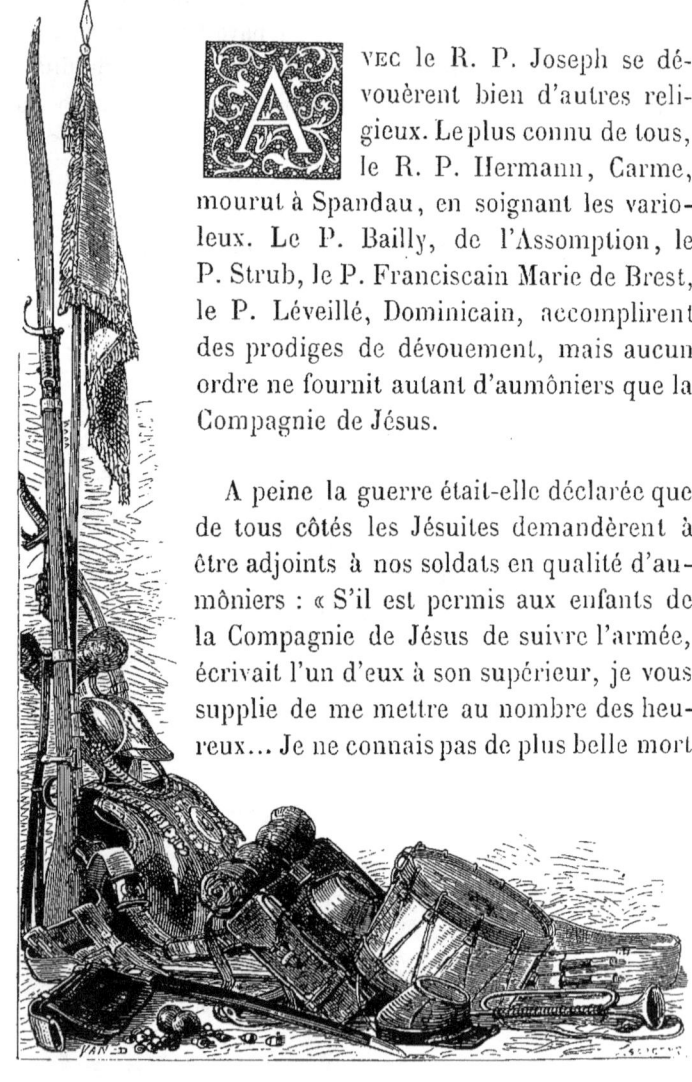

Avec le R. P. Joseph se dévouèrent bien d'autres religieux. Le plus connu de tous, le R. P. Hermann, Carme, mourut à Spandau, en soignant les varioleux. Le P. Bailly, de l'Assomption, le P. Strub, le P. Franciscain Marie de Brest, le P. Léveillé, Dominicain, accomplirent des prodiges de dévouement, mais aucun ordre ne fournit autant d'aumôniers que la Compagnie de Jésus.

A peine la guerre était-elle déclarée que de tous côtés les Jésuites demandèrent à être adjoints à nos soldats en qualité d'aumôniers : « S'il est permis aux enfants de la Compagnie de Jésus de suivre l'armée, écrivait l'un d'eux à son supérieur, je vous supplie de me mettre au nombre des heureux... Je ne connais pas de plus belle mort que celle du P. Gloriot, donnant sa vie à Constantinople pour nos soldats malades. »

« Eh bien, pris au mot, répondait le R. P. de Ponlevoy au P. de Bengy. Après des démarches inutiles pour obtenir une place au feu, on nous demande pour une ambulance; venez de suite rue de Sèvres, sans armes et avec bagages, pour partir au premier signe; vous aurez un second avec vous. »

Soixante religieux furent choisis, cent autres durent se résigner à n'affronter les balles que lorsqu'ils iraient sur les

COLLÈGE DE BORDEAUX

champs de bataille relever les blessés. Quant à ceux qui restaient, ils desservirent les ambulances que l'on établit dans les collèges de Vaugirard, de Sainte-Geneviève, d'Amiens, de Poitiers, de Dôle, de Bordeaux, de Mongré, de Saint-Étienne, du Mans, de Laval et dans un certain nombre d'autres maisons.

Au feu, les Jésuites se montrèrent les dignes fils de l'héroïque défenseur de Pampelune.

Un jour, une brigade de l'armée du Nord suivait la grande route de Saint-Quentin. Tout à coup, lorsqu'on est parvenu au sortir d'un bois, près d'un village nommé Beauvois, deux batteries prussiennes sont démasquées et la mitraille pleut dans les rangs. On essaye pour répondre à l'artillerie ennemie de mettre quelques pièces en batterie : elles sont immédiatement démontées et leurs servants sont en un clin d'œil hors de combat. Impossible de tenir. On déploie alors une ligne de tirailleurs et on les jette en avant. Les hommes tombent et la place est tellement balayée par les boulets prussiens que personne n'ose aller jusqu'à eux. Seul, l'au-

mônier s'élance et parvient à leur porter secours. Cet aumônier était Jésuite et il se souvenait qu'il avait pour père un saint qui avait été brave soldat.

Ce même religieux était au milieu des troupes quand la bataille de Saint-Quentin commença. Aussitôt il songe à organiser une ambulance, avise un grand hangar, et pendant que d'après ses ordres on jette une couche de paille sur la terre nue, il va arborer le drapeau blanc sur la toiture que rasent les boulets. Puis il court au feu et en rapporte le général du Bessol qu'un éclat d'obus venait de renverser de cheval. Toute la journée il alla de l'ambulance improvisée parmi les combattants, et il ne se retira que fort tard dans la nuit, lorsqu'on eut sonné la retraite.

A Villers-Bretonneux, une compagnie était placée en tirailleurs dans des retranchements de campagne. Tous les soldats étaient dans la tranchée. Sur le talus les Prussiens purent voir se promener deux hommes seulement, un des officiers de la compagnie et le P. Sommervogel, Jésuite.

Le P. Arnold trouva la mort à Laon, où il sauta avec la citadelle.

Le P. de Renéville et le P. de Damas, qui, en Crimée, avait déjà paru sur bien des champs de bataille et reçu dans ses bras le général de Lourmel mortellement atteint, furent blessés à Belfort, pendant qu'ils assistaient les soldats aux avant-postes. Le jour de Noël, à la messe de minuit, la garnison, réunie devant le Dieu des armées, put voir l'un de ses aumôniers qui, blessé à la jambe, montait à l'autel soutenu par deux soldats.

« Le P. Vautier, de la Compagnie de Jésus, écrivait quelques jours après l'armistice un officier de l'armée du Nord, est resté pendant toute la bataille de Pont-Noyelles près d'une batterie. Un moment les artilleurs étaient sur le point d'abandonner la position, il les encouragea si bien qu'ils redoublèrent d'énergie et de sang-froid, rectifièrent leur tir et obligèrent l'ennemi à battre en retraite. »

Sous Orléans, le P. de Rochemonteix soulevait un blessé pour le porter à l'ambulance, quand un cavalier fond

sur lui et d'un coup de sabre le renverse. Il est fait prisonnier, mais il s'évade et réussit, quoique à bout de forces, à rentrer dans la ville. Huit jours après il est debout et court au Mans soigner les varioleux. C'est un nouveau champ de bataille et il y tombe blessé encore, car au bout de quelques semaines il est atteint par la terrible maladie.

En arrivant au Mans, le P. de Rochemonteix avait trouvé le collège de Sainte-Croix transformé en ambulance. Ce collège venait à peine d'être fondé. La maison où les Jésuites l'avaient installé avait été vendue par justice. C'est dire qu'il n'y restait plus rien, pas un lit, pas une chaise. Sans ressource, sans moyens de s'en procurer, voici pourtant ce que firent les Jésuites.

Ils arrivèrent douze ou quinze absolument étrangers à la

ville, inconnus de tous, et s'installèrent au collège vers la fin du mois d'août. Trois mois après, 170 blessés étaient soignés au collège. A la fin de la guerre 1265 y avaient été guéris : 60 seulement y étaient morts entourés de tous les soins.

Au moment où les trois corps d'armée du général Chanzy se concentraient dans la ville, à la veille de la bataille du Mans, la petite vérole éclata avec fureur dans cette immense agglomération d'hommes harassés et prédisposés par la fatigue à toutes les maladies. L'évêque du Mans écrivit au P. du Lac, recteur de Sainte-Croix : « Il y a 1750 varioleux dans la caserne de la Mission, 350 au nouveau théâtre, je vous les confie, mon Père. »

Le R. P. du Lac fit immédiatement part de cette nouvelle à son provincial, et le soir même de la bataille un roulier portait cette lettre à son adresse, après avoir traversé les lignes prussiennes.

Trois jours plus tard, le provincial répondait : « Pour un pareil service nous ne manquerons jamais de monde, dites-le bien à Sa Grandeur. Qu'elle ne craigne donc pas de nous en demander. Employez tous ceux de votre maison ; je vous envoie de plus quatre nouveaux Pères : s'ils meurent, d'autres les remplaceront. »

Le service fut bientôt organisé.

Dans les immenses salles de la caserne de la Mission, en plein hiver et quel hiver ! 1700 hommes étaient étendus sur

la paille. Pas un oreiller, pas un matelas; une couverture de campement, voilà tout ce qu'ils avaient pour réchauffer leurs membres. Au milieu de chaque salle une table de bois blanc; sur cette table un grand vase où quelques fleurs de tilleul nageaient dans l'eau froide, puis quelques infirmiers militaires improvisés, voilà le service médical. Certes, les médecins de la ville avaient poussé le dévouement jusqu'aux dernières limites, mais les limites du possible, ils ne pouvaient les dépasser. C'était donc le spectacle de la désolation qu'offraient ces vastes salles. Mais chaque matin des hommes venaient, qui se couchaient dans la paille auprès des mourants, approchaient d'eux pour leur parler et les consoler, et leur laissaient, sinon l'espoir de guérir, au moins la certitude d'être un jour récompensés par Dieu. Ces hommes, c'étaient les Jésuites de Sainte-Croix. Quand ils rentraient au collège, ils le trouvaient rempli lui aussi de varioleux, auxquels on avait consacré tout un côté de la maison, et ils ne leur marchandaient pas les restes de leurs forces épuisées. Aussi, après quelques semaines, quatre religieux, les PP. Lelasseur, Corbel, de Rochemonteix et Lapôtre, étaient à leur tour frappés par le fléau et deux d'entre eux allaient aux portes de la mort.

Un matin, deux Pères arrivèrent à Sainte-Croix. Ils s'approchèrent du lit où le supérieur était retenu par la maladie. Il les bénit et ils allèrent à la caserne de la mission remplacer ceux de leurs frères que la petite vérole avait terrassés.

En même temps qu'un certain nombre de Jésuites soignaient les malades et tombaient près d'eux, d'autres s'employaient auprès des soldats, dont 22 000 trouvèrent successivement sous ce toit hospitalier, non seulement l'abri pour le corps, mais encore la force pour l'âme. C'est là que les zouaves pontificaux vinrent se reformer. Le général de Charette y arriva d'Italie avec 360 hommes le 10 octobre. Un mois après, le clairon sonna au milieu de la nuit; les zouaves descendirent dans la grande cour du collège : on y faisait déjà l'appel. C'était la gloire qui se mettait en marche pour immortaliser Patay !

Novembre et décembre s'écoulèrent, empourprant de sang français la neige où sommeillaient les rives de la Loire. La défaite restait implacablement attachée au flanc de nos armées. Le 11 janvier, le canon ébranlait la ville du Mans. A la fin de la journée, Sainte-Croix revit les zouaves, mais consacrés cette fois par de glorieuses blessures ou par la mort. On les portait dans les dortoirs des élèves où il n'y eut bientôt plus un seul lit vide. Au seuil du premier de ces dortoirs un homme se tenait, les yeux pleins de larmes, qui au fur et à mesure que le lugubre convoi défilait devant lui découvrait le visage de chacune des victimes : le fils ne se trouva point parmi les morts. A la paix il se retira dans un cloître, afin d'y prier pour ses camarades tués à ses côtés. Il avait trop tôt fait fond sur la reconnaissance humaine. Hier, les décrets du 29 mars l'ont chassé.

Tous les matins, le P. du Lac entrait dans l'ambulance pour y passer de longues heures. Un jour, il y vint avec tristesse. Il tenait à la main un papier, timbré du sceau prussien. C'était l'ordre de la place, affiché la veille sur tous les murs, de remettre, sous peine de mort, aux autorités allemandes, toutes les armes qui se trouvaient au Mans. La voix du Jésuite trembla en lisant cet ordre aux blessés ; mieux que personne il savait ce qu'il leur en coûterait d'y obéir, car parmi eux il comptait, avec d'anciens élèves, de vieux amis ; mais, chef d'ambulance, son premier devoir était de veiller à la sécurité de tous : il n'y faillit pas. Il se réservait d'ailleurs de sauver l'honneur, et lorsque les épées lui eurent été remises, plutôt que de les livrer à l'ennemi, il les brisa et en fit disparaître les glorieux tronçons.

Une seule fut exceptée : la mort en avait fait une sorte de relique : « Tenez, avait dit au P. du Lac le lieutenant Benoit, en tirant de son lit un sabre d'officier, c'est celui de Du Bourg. Si vous le *leur* remettez, vous aurez du courage, mon Père. »

Le capitaine Du Bourg était un élève du P. du Lac. Tué sur le plateau d'Auvours, on l'avait rapporté à Sainte-Croix. « Il était étendu sur le parquet, dans le parloir, entre le capitaine de Bellevue et le zouave Fockedey, un trou de balle au milieu du front, un peu au-dessus du sourcil gauche, la barbe toute rougie de sang, la bouche à demi ouverte et souriante, son uniforme propre et bien en ordre. Et en s'agenouillant à ses pieds, tous ceux qui l'avaient connu pleuraient, mais ils étaient plus tentés de se recommander à sa protection que de prier pour lui (1). »

Le Jésuite ne dit rien et prit le sabre.

Le lendemain, le major de place prussien vint au collège. Le premier objet qu'il aperçut dans la chambre du supérieur fut un sabre déposé sur la cheminée.

« Monsieur, vous avez enfreint l'ordre affiché partout.

— Je le sais, commandant.

— Et vous n'ignoriez pas pourtant la peine édictée contre quiconque aurait caché une arme.

— Aussi est-ce pour bien prouver que je ne la voulais point cacher que j'ai placé cette arme au lieu où vous l'apercevez. Ce sabre est celui d'un de mes élèves, tué sur le plateau d'Auvours. Je le destine à une mère. Voulez-vous m'autoriser à le garder ? »

L'officier prussien, touché de ce courage si simple et si calme, n'osa point refuser l'autorisation demandée.

Après les zouaves pontificaux, les mobiles du Gard, de l'Isère et de la Corrèze passèrent par Sainte-Croix et ils pourraient dire, eux aussi, comment ils furent accueillis par les Jésuites ! Si ces derniers conservèrent leur drapeau, à qui le durent-ils ? Au milieu de la fuite, un Jésuite le reçut, détaché de sa hampe, le cacha quelques jours entre sa soutane et sa poitrine, et ne s'en dessaisit que lorsque l'aumônier des mobiles, traversant les lignes ennemies, vint le lui redemander.

Six mois durant, telle fut la vie des Jésuites à Sainte-Croix. Les classes se faisaient dans des chambres hautes.

(1) Lettre du R. P. du Lac à Mme Du Bourg.

Il n'y avait pas de feu dans ces chambres, et souvent même on se demanda si l'on aurait du pain le lendemain. Mais les blessés ne manquèrent jamais de rien, et quand, la nuit, il en arrivait de longs convois, les Jésuites cédaient leurs lits et couchaient dans une toile de tente.

C'est pour cela sans doute qu'à ce moment même, on les pillait et on les emprisonnait dans certaines villes. A Aix, le conseil départemental ordonnait qu'ils seraient conduits dans les trois jours à la frontière et mettait tous leurs biens sous séquestre (1). Leur maison de Lyon était envahie à l'improviste ; les portes en étaient enfoncées ou crochetées ; les armoires et les coffres forcés, les papiers et les titres jetés épars sur le sol et en partie dérobés. Quant aux tableaux, aux ornements d'église et aux vases sacrés, ils furent brisés, quelques-uns même soustraits. On ne se contenta pas de ces violences ; on porta la main sur les personnes et dix religieux, arrêtés durant la nuit, furent écroués à la prison départementale où ils furent retenus pendant vingt-six jours (2). Les mêmes scènes de dévastation se produisirent à Marseille. L'église y fut envahie, les religieux arrêtés et gardés en prison pendant trois semaines. Au Mans, avant que la paix fût signée, des listes de proscription couraient sous le manteau. Le premier qui s'y trouvait inscrit était le supérieur des Jésuites.

(1) Arrêt de la Cour d'Aix du 2 mars 1874.
(2) Jugement du tribunal de Lyon du 24 février 1875.

Aucune considération, si patriotique qu'elle pût être, ne semblait capable de prévaloir contre tant de haine. Dès le début des hostilités, tous les collèges dirigés par les Jésuites avaient imité l'exemple de celui du Mans. Dans le plus grand nombre, on avait offert des lits pour les blessés. — Des mobiles d'abord, des malades ensuite reçurent à Iseure la plus cordiale hospitalité. — A Montauban, toute une partie de l'établissement et la campagne ; à Sarlat, les

parloirs ; à Poitiers, les dortoirs et les cours de deux divisions ; à Vals, la moitié de l'établissement furent mis à la disposition des autorités militaires. — Le petit collège, dé-

pendant de la grande école Sainte-Marie de Toulouse, fut transformé en ambulance. La place manquant, les lits empiétèrent peu à peu sur les études, sur le réfectoire de la première division et sur la grande salle des exercices. Enfin la campagne du collège devint à son tour un hôpital et l'un des Jésuites qui la desservaient y contracta au chevet des malades la petite vérole.

A Avignon, arrivèrent un jour vers midi des blessés de toutes levées et de toutes armes : soldats de la ligne, artilleurs, cavaliers, tout s'y trouvait. Il y avait là un zouave chevronné dont le front bronzé par le soleil d'Afrique n'avait pas dû s'incliner souvent sous la bénédiction du prêtre. Il

était clair, à l'entendre, que depuis longtemps le vieux diable avait oublié le chemin de l'église pour celui de la cantine. Pourtant, le soir venu, lorsque, sans qu'on lui en eût rien dit, un blessé commença à haute voix la prière, on entendit la grosse voix du zouave qui marmottait dans un coin les bribes de prières qu'il pouvait retrouver au fond de sa mémoire. L'accueil qu'il avait rencontré chez les Jésuites avait forcé son cœur. Il s'était ressouvenu de sa mère et il redevenait chrétien. Trois mois après, à la messe de minuit, confondu dans les rangs des élèves, il s'approcha de la sainte table avec tous ses camarades. Il avait pour la circonstance astiqué son fourniment suivant toutes les règles et attaché sur sa poitrine toutes ses médailles. La communion, c'était pour lui la revue du bon Dieu, et il y allait, comme aux autres, en grande tenue.

Vers la fin du mois d'octobre, le collège Saint-Joseph, de Tivoli, devint simultanément ambulance pour ceux qui revenaient du champ de bataille, et caserne de passage pour les troupes qui allaient les remplacer au feu. Des soldats de la ligne, les mobilisés des Landes, des Basses-Pyrénées, de l'Aveyron et enfin un bataillon d'infanterie de marine se succédèrent ainsi dans cette maison. L'externat, le gymnase et les salles affectées au dessin servirent de logement à ces militaires. Quand on était trop nombreux, on campait sous la tente dans le parc.

L'exercice se faisait dans les cours. Que de fois le silence des études ne fut-il pas interrompu par les commandements militaires ou le pas cadencé des soldats qui manœuvraient ! Que de fois l'explication du professeur n'eut-elle pas à souffrir des théories que développait sous la fenêtre de la classe quelque vieux sergent instructeur ! Mais aussi, lorsqu'on avait renfermé son Cicéron et son Démosthène dans le pupitre et qu'on arrivait en récréation, quelle joie ! quels grands yeux ouverts ! Puis, en grignotant son morceau de pain, on s'engageait... pour le temps de la récréation ; un chef était vite trouvé et on se mettait à manœuvrer jusqu'au moment où l'impitoyable sonnette du surveillant renvoyait toute la jeune troupe, officiers et soldats, à ses thèmes ou à ses versions.

L'ambulance s'ouvrit le 23 octobre. Les premiers blessés qui y entrèrent étaient tombés à Orléans. On les installa d'abord dans le « château », maison isolée au milieu du parc et dont on fit une magnifique infirmerie. Plus tard, les parloirs furent à leur tour convertis en salles d'hôpital. On s'ingéniait pour être agréable aux pauvres blessés. De petites fêtes furent organisées pour les récréer, et les soins qu'on leur prodigua furent si dévoués que, pendant cinq

mois, il n'y eut que deux morts à déplorer. A la fin de la guerre, l'intendance militaire fit officiellement remercier les Jésuites du concours qu'ils avaient bien voulu lui prêter.

Le drapeau blanc, à croix rouge, flottant sur certains monuments, les avait protégés contre les boulets prussiens. Il ne garantit pas tous les collèges des violences radicales.

L'école Saint-Michel, à Saint-Étienne, dut être évacuée sur l'ordre exprès du préfet de la Loire. — Trois lignes, en forme de décret, du chef d'état-major de Garibaldi, firent licencier les élèves de l'école de Mont-Roland, à Dôle. Ordre était en même temps donné aux Jésuites qui y enseignaient de se tenir éloignés du quartier général à une distance d'au moins vingt lieues en arrière, sous peine d'être immédiatement traduits devant un conseil de guerre. — Le collège de

COLLÈGE DE MONGRÉ

Mongré, où cent lits avaient été mis à la disposition de l'intendance et d'où étaient partis cinq aumôniers, fut envahi par les mobilisés. Les Jésuites en furent chassés, sauf un seul qui courut les plus grands dangers et faillit plusieurs fois être massacré par les soldats ivres. La chapelle devint le dépôt des effets d'équipement et la maison fut traitée en pays conquis ; le mobilier y fut brisé, la bibliothèque pillée et le musée saccagé. Quant aux tableaux, ces bandes indis-

ciplinées les éventrèrent à coups de baïonnette ou les criblèrent de balles. On peut voir aujourd'hui encore, dans l'escalier d'honneur, un beau portrait de saint Ignace qui porte la trace de leur brutale fureur. Les preux, qui le prirent pour cible, pensèrent sans doute qu'il était moins dangereux de fusiller en effigie le grand saint que d'imiter l'héroïque courage dont il avait fait preuve sur les remparts démantelés de Pampelune.

Une maison, qui avait longtemps été en butte aux attaques passionnées d'une certaine presse, Saint-Acheul, fut pourtant respectée. On y avait installé des blessés dès le mois d'août. — Parmi eux se trouvait un caporal de l'armée d'Afrique, qui, le cou perforé d'une balle à Reischoffen, ne pouvait ni parler, ni manger. — Plusieurs hémorragies avaient été fort heureusement arrêtées par le frère infirmier, quand l'artère du cou vint à s'ouvrir encore ; c'était précisément pendant la visite. Le docteur, désespérant de se servir utilement du perchlorure de fer dans la circonstance, introduisit dans la plaie un instrument qui saisissait l'artère à l'intérieur et la comprimait à l'extérieur, comme l'eût fait une pince. Malheureusement l'instrument fut déplacé par un mouvement du malade et le sang se remit à couler à flots. Il n'y avait plus qu'une chose à essayer : comprimer l'artère avec la main et la tenir serrée entre les doigts. C'est ce que fit le docteur. Mais il ne pouvait s'immobiliser longtemps auprès d'un seul malade. Au bout de quelques instants, il appela donc un jeune Jésuite et lui donna sa place. Pendant une heure le religieux fit ce qu'avait fait le médecin, puis il fut remplacé à son tour et, pendant quatre ou cinq heures, les Jésuites se succédèrent ainsi auprès du blessé. Qu'on se figure ces jeunes gens, qui, pour la première fois de leur vie sans doute, voyaient de si près la terrible lutte que se livrent la vie et la mort dans l'homme, se tenant immobiles, pliés en deux, courbés sur le blessé, l'index de la main droite comprimant fortement le cou, l'index de la main gauche plongé dans le trou qu'avait fait la balle et serrant l'artère à travers cette bouche où ne restait plus qu'un morceau de langue et que remplissaient d'épais caillots de sang ! Comme le dégoût dut les envahir souvent ! mais la charité et le devoir parlaient, ils obéirent, et le blessé, grâce à eux, fut sauvé !

Le dévouement des Pères fut bientôt connu dans toute la ville. « Vous êtes blessé, disait un ouvrier à un soldat frappé sous les murs d'Amiens, allez à Saint-Acheul, c'est là que vous serez le mieux. »

Comment les blessés ne se seraient-ils pas trouvés fort bien à Saint-Acheul? On vient de voir les soins qu'ils recevaient aussi longtemps qu'ils demeuraient dans les salles. Quand ils entraient en convalescence, on s'ingéniait pour trouver le moyen de les distraire. On mettait à leur disposition des jeux de toute sorte, des livres ; on fit même la classe à ceux qui le demandèrent et l'on organisa, au premier de l'an, une loterie exceptionnelle où il n'y eut que des gagnants.

Aussi ces braves étaient-ils enchantés. Un bon montagnard de la Savoie pleurait, en quittant Saint-Acheul. Un fourrier, qui passait par Bordeaux pour rejoindre son régiment, alla remercier les Jésuites de Tivoli des soins que lui avaient donné les Jésuites de Saint-Acheul. « Adieu, mon Père, disait en s'éloignant un enfant du désert, soldat aux tirailleurs indigènes, tu prieras pour moi, n'est-ce pas? »

Les Prussiens eux-mêmes furent touchés du dévouement des Jésuites que le protestantisme leur avait dépeints sous de si noires couleurs. « Quelle heure est-il? demandait l'un d'eux à un frère, dans la nuit du 31 décembre au 1ᵉʳ janvier. — Minuit et demi. — Eh bien, bonne année, mon frère, et que la paix se fasse enfin entre la France et la Prusse! »

VI

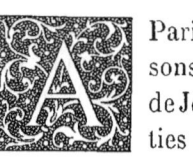

A Paris, les trois maisons de la Compagnie de Jésus furent converties en ambulance.

« Dès le début, racontait un journal du temps, les Jésuites ont reçu 25 blessés dans leur résidence de la rue de Sèvres, 300 dans leur école de la rue Lhomond, 400 dans leur établissement de Vaugirard... Ils mettent de plus un certain nombre de chambres à la disposition des officiers. Ainsi le supérieur de Vaugirard a offert à l'intendance militaire une ambulance ainsi organisée : — 1° 200 lits dans une salle immense qui réunit toutes les conditions désirables d'aération et de lumière ; — 2° 15 chambres pour messieurs les officiers. L'établissement possède en outre une pharmacie complète pour les cas ordinaires, un approvisionnement suffisant de linges, bandes et charpie... Le supérieur se charge de tous les frais, heureux de payer ainsi, en son nom et au nom de tous ses collaborateurs, sa dette à la patrie si cruellement éprouvée. »

C'était le P. Alexis Clerc, ancien lieutenant de vaisseau,

qui dirigeait l'ambulance de Vaugirard. « Il en profita, dit son historien (1), pour se faire le serviteur de tous et pour avoir sa bonne part des besognes les plus rudes et les plus mortifiantes...

(1) *Alexis Clerc*, par le R. P. Daniel, p. 490, 491.

» Voici quel était régulièrement l'emploi de ses journées. A cinq heures et demie, il montait à l'autel, célébrait le saint sacrifice de la messe et descendait à l'ambulance... D'abord, il visitait les plus souffrants, les consolait, leur distribuait de petites douceurs, leur rendait en un mot tous les services que peut suggérer la charité la plus tendre. Puis il poursuivait sa visite de lit en lit, disant à chacun un petit bonjour, s'informant des besoins du corps et parfois aussi de ceux de l'âme, toujours prêt à satisfaire aux uns et aux autres.

» L'heure du repas arrivée, il récitait le *bénédicité*, auquel répondaient les pauvres blessés. Alors il prenait un tablier, se joignait aux servants, distribuait les légumes, la soupe, etc...; puis, comme une tendre mère eût fait pour son enfant, il aidait à manger ceux que leurs blessures privaient de l'usage de leurs membres...

» L'après-midi était la répétition de la matinée, et ce train de vie se renouvelait tous les jours, à moins que, par suite de quelque engagement, le Père ne jugeât sa présence plus utile au dehors qu'à l'ambulance. Alors il allait administrer les mourants sur le théâtre même de l'action et relever les blessés qu'attendait l'omnibus du collège. On le vit, à Champigny et à Bagneux, s'exposer à un feu très vif sans sourciller. A Bagneux, on se battait en plein village. Quand l'omnibus revint pour la seconde fois, il ne ramena pas le P. Clerc. Très inquiet, le P. Recteur se fait sur-le-champ conduire là où il a disparu, au risque de tomber au milieu des ennemis qui ont, dit-on, repris le village emporté le matin par les Français qui battent maintenant en retraite.

» On arrive, on parcourt avec anxiété le champ de bataille encore tout fumant. Quelle n'est pas la surprise et la joie du P. Recteur et de ses compagnons, lorsque, après un

Le P. Clerc.

quart d'heure de recherches, ils trouvent le P. Clerc assis sur une pierre et, là, récitant son bréviaire aussi tranquillement qu'il eût pu le faire dans sa chambre !

» Quand les blessés arrivaient à l'ambulance, il étanchait lui-même le sang de leurs blessures et lavait avec une éponge leurs membres meurtris et ensanglantés. Il leur lavait les pieds, heureux d'imiter en cela son divin Maître, non par manière de cérémonial, mais par des actes réitérés où l'humilité et la charité avaient pour compagne inséparable une mortification très méritoire. Il les changeait de linge, de draps, n'épargnait aucune peine pour leur procurer quelque soulagement et faisait lui-même, plusieurs fois le jour, le pansement des plaies les plus répugnantes. »

C'est en soignant les blessés que le P. Clerc se préparait au martyre. Le R. P. Ducoudray, dont il devait être le compagnon à la Roquette, préludait aussi au grand sacrifice en se livrant sans réserve à toutes les œuvres de la charité.

L'École Sainte-Geneviève, à la tête de laquelle le P. Ducoudray se trouvait en 1870, avait été transformée, comme Vaugirard, en une vaste ambulance. Cette ambulance était dirigée par deux hommes dévoués, les docteurs Maisonneuve et Moissenet, médecin et chirurgien ordinaires du collège ; elle était administrée par plusieurs Pères et desservie par dix frères et par tous les domestiques attachés à l'établissement. On ne se contentait pas d'y recevoir les blessés que l'administration de la guerre y envoyait : on allait encore en chercher sur le champ de bataille, si près de l'ennemi qu'au combat de Châtillon trois religieux furent faits prisonniers et retenus à Versailles, malgré toutes les démarches tentées pour obtenir leur rentrée à Paris.

L'ennemi n'eut pas à se féliciter de cet excès de rigueur. Les Jésuites se vengèrent, en allant, à travers les lignes prussiennes, jusqu'à Tours, indiquer les positions occupées par l'armée allemande autour de Paris. En rappelant ses souvenirs, M. de Freycinet pourrait affirmer le fait; car, c'est lui qui reçut la visite du P. Montazeau et de son compagnon (1).

Après un coup aussi audacieux, la prudence la plus vulgaire faisait un devoir aux hardis religieux de ne pas revenir au cœur de l'armée prussienne. Mais leur ministère les y rappelait : ils n'hésitèrent pas un instant et repartirent pour Versailles.

Leur courage fut dignement récompensé. Ils étaient encore dans les lignes françaises, quand, à Maintenon, ils tombèrent au milieu d'un bataillon, ou plutôt d'une bande de mobiles, gredins avinés que mettait en fureur la vue d'une soutane, ou traînards affolés que hantait le fantôme de l'espion prussien.

En un instant les chevaux sont arrêtés, la voiture entourée, les voyageurs questionnés, insultés et finalement couchés en joue.

L'affaire devenait sérieuse. Fort heureusement, un sous-officier, ancien élève des Jésuites, reconnut l'un de ses maîtres et, à force d'énergie, tira les Pères du mauvais pas où ils étaient.

Le lendemain les voyageurs étaient aux avant-postes. Un officier, qui sur la terre d'Orient avait connu la soutane noire des fils de saint Ignace, les avait accompagnés jusque-là.

(1) Un autre Jésuite, le R. P. Noury, supérieur de la résidence de Versailles, traversa aussi les lignes allemandes pour aller renseigner la délégation de Tours sur les positions prussiennes.

Arrivés à ces extrêmes limites, il crut qu'il n'avait plus qu'à les quitter. Mais avant de se séparer d'eux, il voulut une dernière fois fortifier son âme, avant d'aller mourir.

Il le fit avec la rondeur du troupier, vivement et prestement, comme on le fait en campagne.

Serrant la main d'un des Jésuites :

« Le temps presse, lui dit-il ; allons, adieu, mon Père, mais, avant de nous quitter, *tapez-moi* donc une dernière absolution. »

Et le brave, réconcilié avec Dieu, s'éloignait, lorsque tout à coup une sentinelle se dresse en face des chevaux, au milieu du chemin.

« On ne passe pas. »

Les Jésuites montrent leur laisser-passer. Mais la sentinelle ne se rend pas, persiste à barrer le chemin et, comme les voyageurs insistent de leur côté, finit par braquer le canon de son fusil sur celui d'entre eux qui conduisait la carriole.

Pour le faire relever, il fallut que l'officier revînt sur ses pas.

Le P. Montazeau et son compagnon allaient enfin franchir les lignes prussiennes, quand retentit un bruit qu'ils avaient appris à connaître sur les champs de bataille. La fusillade commençait, les balles sifflaient de tous côtés et les Jésuites se trouvaient littéralement pris entre deux feux.

C'est à peine s'ils eurent le temps de se réfugier dans une ferme où, incomplètement protégés contre les projectiles, ils durent attendre la fin du combat pour reprendre ensuite leur marche vers le quartier-général de l'armée prussienne.

Outre son collège, le R. P. Ducoudray avait encore mis tous ses religieux à la disposition du ministère de la guerre.

Le 22 septembre, le colonel Delagrèverie écrivait au général chef d'état-major :

MINISTÈRE
DE LA GUERRE

*Comité
des fortifications.*

« Mon général,

» Je suis très honoré de la proposition que vous me transmettez d'employer pour le service de la défense, MM. les Pères Jésuites de la rue des Postes au nombre de quatre.

» Les plus grands services que pourraient nous rendre les très honorables Pères consisteraient, en raison de la spécialité de leurs connaissances, à diriger des appareils d'éclairage électrique sur les remparts.

» En ce moment, le personnel recruté pour ce genre d'opération est au complet; mais, selon toute probabilité, pour une cause ou une autre, des vacances se produiront, auquel cas nous serions heureux d'accepter les offres généreuses des Révérends Pères. Ne pourriez-vous, en attendant, nous envoyer les noms des quatre Pères qui se sont offerts, pour que nous n'ayons qu'à faire un appel au moment du besoin ?

» Je vous envoie ci-joint un état des élèves de l'École polytechnique qui sont employés actuellement à diriger des appareils d'éclairage électrique avec indication de la position qu'ils occupent sur la fortification.

» Amitiés respectueuses,

» *Signé :* Delagrèverie,
» *Colonel du Génie,*
» *Directeur du Service de l'Éclairage électrique.* »

Quelques jours plus tard, des aumôniers ayant été demandés par divers chefs de corps, le P. Chauveau fut attaché au colonel Dauvergne, le P. Tanguy au colonel Tillet, le P. Clair au premier bataillon des mobiles du Poitou et le P. de Régnon au troisième. Le P. Forbes suivit le général Vinoy, avec une ambulance volante. Ils firent tous bravement leur devoir devant l'ennemi.

Le 14 décembre, à Buzenval, le religieux qui était aumônier du 7ᵉ bataillon des mobiles de la Seine, fut séparé de ses soldats. Plutôt que de rentrer dans l'enceinte, il se joignit aux mobiles de Seine-et-Marne et marcha au feu avec ce bataillon.

Le premier blessé, ce fut lui. Une balle l'atteignit à la tête. Aussitôt entouré par quelques officiers et un grand nombre de soldats qui voulaient le conduire à l'ambulance, il s'y refusa, arrêta le sang qui coulait de la blessure, en se bandant la tête d'un mouchoir, et dit en riant à ceux qui lui reprochaient son imprudence : « Une blessure à la tête n'empêche pas de marcher. Tant qu'un homme pourra avoir besoin de moi, je resterai ici. »

Il y resta et, le lendemain, fut mis à l'ordre du jour de l'armée pour le remarquable courage dont il avait fait preuve pendant toute la bataille.

Au combat de Châtillon, pendant que l'artillerie prussienne faisait rage, deux hommes ramassaient des blessés, sans souci de la mitraille. Le dernier qu'ils relevèrent était un Poméranien de haute stature, qui venait de tomber et qu'ils durent coucher sur un contrevent, brancard improvisé, pour l'emporter. Ces deux hommes étaient deux prêtres, l'abbé C... et le P. de Régnon, Jésuite.

« Vous allez vous faire tuer, mon père, disait à la ferme du Grand-Tremblay un officier à un autre Jésuite qui se précipitait au secours d'un lieutenant blessé.

» — Bah ! je ne suis pas bien grand ; avant qu'ils aient rectifié leur tir, j'aurai fait mon affaire et je reviens. »

Et le Jésuite confessa le soldat sous le feu de l'ennemi, puis il revint, comme il l'avait dit.

Le P. Tanguy ramena au combat des mobiles qui se débandaient et surprit avec eux un poste prussien. Il fut blessé deux fois en vingt jours, le 30 novembre et le 21 décembre.

« Toutes les fois que nous allions au feu, écrivait au *Morbihannais* (5 novembre 1879) un mobile de Lorient, il arrivait et nous le voyions, calme et tranquille, au milieu des balles et des obus, se pencher sur les mourants et les blessés et remplir auprès d'eux sa mission de charité.

» Le soir du premier combat de Champigny, le 30 novembre, sur le plateau de Villiers, il fut atteint d'un éclat d'obus au pied gauche, en relevant les blessés. Les moyens de transport manquaient et il nous fallut, le P. Tanguy et moi, aller les chercher jusqu'au bord de la Marne. Il souffrait de sa blessure et lorsque je lui proposais de s'appuyer sur moi et de se reposer un instant, il me répondait avec son calme et doux sourire : « Je ne sens rien, hâtons-nous; ces pauvres enfants attendent sur la terre glacée qu'on les enlève et qu'on les soigne. »

» Beaucoup d'entre nous lui durent la vie, et le soir de la bataille, il céda son lit à un officier blessé.

» Le surlendemain, nous nous battions encore sur le plateau de Villiers, le P. Tanguy avec nous. Toujours même dévouement, toujours mêmes soins pour nos blessés.

» La maison où nous avions couché le 30 novembre avait été occupée par les Prussiens. Le P. Tanguy y entra le 1ᵉʳ décembre pour préparer notre logement. Il y trouva dix soldats allemands qui s'y étaient cachés. Prenant un ton d'autorité, le Père leur fit mettre bas les armes et, appelant des militaires du 108ᵉ de ligne, leur remit ses prisonniers tremblants de tous leurs membres.

» Quelques jours après, le 21 décembre, notre bataillon soutenait glorieusement la lutte près du Bourget. Plusieurs officiers furent blessés et un grand nombre d'hommes tués. Le P. Tanguy était là. Blessé lui-même de nouveau,

École de la rue des Postes.

il veilla encore avec la plus tendre sollicitude au transport de tous ceux qui avaient été atteints par le feu de l'ennemi et leur prodigua ses soins.

» Sa santé, altérée par tant de fatigues et par ses deux blessures, ne lui permit pas de nous suivre à Buzenval.

» Je n'ai plus revu le P. Tanguy.

» Arrêté sous la Commune avec les PP. Ducoudray, de Bengy, Clerc, etc., il échappa à la mort et reprit paisiblement son poste de surveillant à l'École de la rue des Postes.

» Mais la guerre lui avait été funeste. Sa santé ébranlée ne put jamais se rétablir, et il mourut au moment où, brûlant du désir de répandre son sang pour le Christ, comme il l'avait déjà versé pour la France sur les champs de bataille, il était destiné aux missions de la Chine.

» Il avait été proposé pour la croix de la Légion d'honneur. Il n'en a jamais rien su et aurait refusé cette distinction. Son crucifix lui suffisait.

» Voilà donc un vrai Jésuite, et non pas un Jésuite de roman.

» Et les ennemis des Jésuites qui les attaquent sans les connaître, peuvent-ils montrer des états de services plus beaux que ceux du P. Tanguy?

» J'ai connu, entre plusieurs, et à la même époque, un autre P. Jésuite, aumônier du 4ᵉ zouaves. Mais il vit encore; je n'en puis point parler.

» Je l'ai vu sur les champs de bataille, dans les ambulances, secourant les blessés, les Français et les Prussiens et leur montrant, pour alléger leurs souffrances, le Christ qui a souffert plus qu'eux. C'était aussi, et c'est encore un brave : la Compagnie de Jésus et toutes les congrégations religieuses les comptent par milliers. »

Le P. de Bengy n'était pas un inconnu pour l'armée. Ancien aumônier de Crimée, il avait par son admirable entrain arraché cette exclamation au vainqueur d'Inkermann : « S'il y a beaucoup de Jésuites de cette trempe, vivent les Jésuites! » La trempe était bonne en effet. Le

P. de Bengy avait été formé à l'école de deux religieux dont le nom est resté célèbre dans les camps, le P. Gloriot et le P. Parabère. Le P. Gloriot était mort en soignant les malades de Gallipoli, et le P. Parabère, après avoir eu un cheval tué sous lui à la bataille de l'Alma, s'en alla un soir

Le P. de Bengy.

coucher à l'ambulance près du cadavre d'un cholérique, pour rassurer les soldats que l'invasion du fléau avait terrifiés. Le P. de Bengy avait hérité du courage de ces deux héroïques religieux. Il le prouva bien durant la pénible retraite qu'il dut opérer de Sedan à Paris et, plus tard, durant le siège.

Toujours aux avant-postes, il se prodiguait sans souci

de sa vie. Ce qu'il fit sur le champ de bataille et dans les ambulances, la reconnaissance des soldats l'a dit mieux que ne pourraient le dire tous les discours.

Pendant une de ses visites à l'ambulance, un très jeune soldat, « presque un enfant », raconte-t-il dans une lettre, le voyant passer près de son lit sans parler, lui fait signe d'une main décharnée de s'approcher de sa couche de douleur... « Monsieur l'aumônier, lui dit-il, vous ne me reconnaissez pas, et cependant (à ces mots sa figure décolorée se couvrit d'une subite rougeur) c'est vous qui m'avez relevé sur le champ de bataille; vous ne me reconnaissez pas; moi je vous reconnaîtrais entre mille. »

Dans une autre ambulance, le P. de Bengy avait déjà vu presque tous les blessés, quand on lui présente deux jeunes soldats de la ligne : le premier le salue courtoisement, mais le second, d'ordinaire plus communicatif que son camarade, au lieu de prendre la parole, regarde le Jésuite en face, pendant que ses traits se colorent et que ses yeux s'humectent de larmes.

« Mais, François, lui dit la sœur, qu'avez-vous donc ?
» — Oh ! ma mère, c'est lui !
» — Comment lui ? Que voulez-vous dire ?
» — Oh ! ma mère, c'est lui qui, de suite après ma blessure, m'a ramassé au champ de bataille. »

Et il pleurait en serrant les mains du courageux aumônier dans les siennes.

Un soir de bataille, les brancardiers apportent un tout jeune soldat de la ligne qui avait la tête traversée par une balle. Les médecins s'approchent, considèrent la plaie, hochent la tête et se retirent. Il n'y a rien à faire, le pauvre enfant est perdu. Le P. de Bengy s'installe alors auprès du lit du blessé et s'efforce de lui être utile, agréable, de l'habituer à sa voix, afin d'obtenir de lui un signe de compréhension. Mais, pendant quatre grandes heures, c'est en vain qu'il guette la moindre marque de raison. La cervelle a été atteinte et toute intelligence semble avoir disparu. Le Père ne perd pas courage. Le lendemain il revient et reprend son œuvre. Efforts inutiles; le malade ne bouge pas plus que la veille. « Enfin, dit le P. de Bengy, l'idée me vint de lui adresser ces paroles affectueuses : « Voyons, mon fils, réponds-moi, comment t'appelles-tu ? dis-moi ton nom de baptême, j'ai le plus grand désir de le connaître. » Silence complet encore pendant quelques secondes; mais bientôt les lèvres du pauvre enfant s'entr'ouvrent avec effort, et par trois fois articulent ce nom : François, François, François. J'étais donc enfin compris.

« Très bien, courage, cher bon François, ajoutai-je, tâche, mon enfant, de me nommer encore le pays où habite ta mère.

» — Je suis *censément* de Laval.

» — Tu me comprends, c'est à merveille. Oh ! maintenant de tout ton cœur demande au bon Dieu pardon de tes péchés... »

» A l'instant des sons inarticulés, mais évidemment destinés à formuler un acte de repentir, sortirent de la bouche du pauvre et cher François, et leur signification fut si évidente pour tous ses camarades, que leur conversation s'arrêtant à l'instant même, ce fut au milieu du plus profond silence que je prononçai, en étendant mes mains sur ce front ensanglanté, les paroles de l'absolution. »

Le dévouement extraordinaire du P. de Bengy inspirait la plus touchante reconnaissance aux blessés. « Je vous aime, lui disait l'un, comme j'aime ma mère. »

« Mon Père, lui disait un autre blessé le lendemain d'une bataille où le P. de Bengy s'était montré plus brave encore que de coutume, je vous en prie, ne vous exposez pas, comme vous l'avez fait hier. Je vous en conjure, ne vous faites ni tuer ni blesser : nous en serions tous inconsolables. »

Ne pas s'exposer, c'était demander une chose bien difficile au P. de Bengy, qu'on apercevait presque toujours au premier rang. A Châtillon, c'est lui qui était aux côtés du valeureux commandant de Dampierre, quand cet officier tomba mortellement atteint, au moment où, l'épée haute, il entraînait sous une grêle de balles son bataillon électrisé par son héroïque exemple. A la dernière affaire de l'Hay, il s'était avancé jusqu'aux lignes prussiennes pour ramasser les morts et les blessés et par deux fois, dans une prairie qui s'étend du moulin de Cachan aux premières maisons du village, il avait essuyé une décharge de fusils à aiguilles, malgré le drapeau d'ambulancier dont il était précédé. Il ne recula pas pour cela, et parvenu aux lignes ennemies, près des excavations réservées aux sentinelles, il obtint la remise de quelques blessés. Il leur donna ses soins jusqu'au moment où le commandant prussien lui signifia qu'on allait le faire prisonnier, s'il ne rentrait immédiatement à Cachan (1).

Dans le peloton qui fusilla le P. de Bengy à la rue Haxo, il y avait, dit-on, des tirailleurs de Belleville et des garibaldiens. Ce jour-là, le courage tomba sous les balles de la couardise et de la lâcheté !

(1) Voyez la *Lettre au comte de Flavigny*, p. 132, 133, 135.

VII

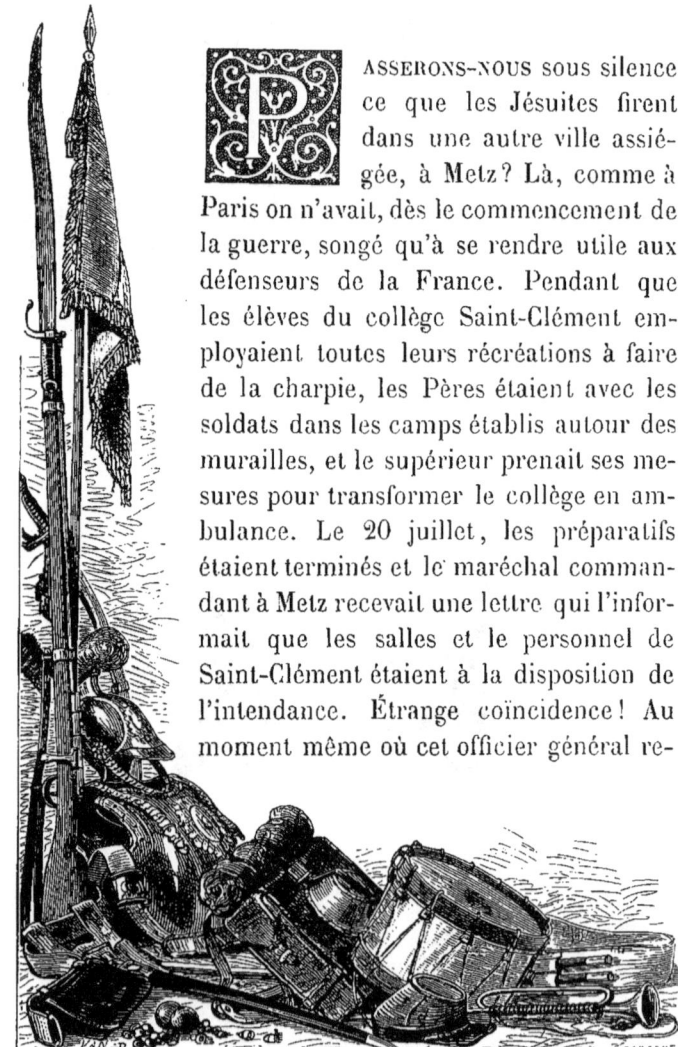

Passerons-nous sous silence ce que les Jésuites firent dans une autre ville assiégée, à Metz? Là, comme à Paris on n'avait, dès le commencement de la guerre, songé qu'à se rendre utile aux défenseurs de la France. Pendant que les élèves du collège Saint-Clément employaient toutes leurs récréations à faire de la charpie, les Pères étaient avec les soldats dans les camps établis autour des murailles, et le supérieur prenait ses mesures pour transformer le collège en ambulance. Le 20 juillet, les préparatifs étaient terminés et le maréchal commandant à Metz recevait une lettre qui l'informait que les salles et le personnel de Saint-Clément étaient à la disposition de l'intendance. Étrange coïncidence! Au moment même où cet officier général remerciait le P. Couplet « *des sentiments de dévouement à la patrie, d'abnégation et de charité chrétienne* dont témoignait une telle offre », les francs-maçons de l'administration municipale faisaient courir le bruit que les Jésuites avaient refusé d'ouvrir leur maison aux soldats blessés ! C'était toujours le même système d'attaque et de défense d'un côté et de l'autre : ici la calomnie, là pour toute réponse la charité.

Les Jésuites desservirent, en même temps que l'ambulance de leur collège, plusieurs autres ambulances. Bientôt le nombre des blessés devint fort grand. Les casernes, les hôpitaux, les monuments publics ne suffisaient plus. On dut dresser des baraquements sur plusieurs places et y transporter un certain nombre de blessés. Celle de ces ambulances mal commodes où l'on souffrit le plus, fut l'ambulance du polygone d'artillerie. C'est celle que choisirent entre toutes les autres trois Pères du collège pour y remplir les fonctions d'infirmier et d'aumônier. Mais bientôt deux d'entre eux tombèrent malades et il fallut les porter eux-mêmes à l'hôpital. Le Père G. resta seul à l'ambulance, et pendant huit mois, c'est-à-dire jusqu'à la complète évacuation des blessés français, il demeura dans cette atmosphère fétide, occupé nuit et jour à soigner nos soldats.

Ce fut à Saint-Clément que le dévouement des Jésuites eut surtout lieu de s'exercer. Vingt-quatre religieux y furent successivement atteints de la petite vérole et de la fièvre typhoïde en soignant les blessés. Quatre d'entre eux furent emportés à la fleur de l'âge et le docteur du collège, M. Warin, mourut à la peine. Mais Dieu récompensa largement ces sacrifices. Malgré la gravité des blessures et la mortalité extraordinaire qu'on remarquait en ville, il n'y eut sur les cinq cents soldats qui passèrent à Saint-Clément que trente morts à déplorer.

Pour obtenir un pareil résultat, les Jésuites ne s'étaient point épargnés.

« A la tête de l'ambulance, dit l'un d'eux, se trouvait le P. C., chargé par le R. P. recteur de la direction générale. On ne peut redire l'entente, l'abnégation et l'infatigable activité avec lesquelles il sut établir et conserver partout un ordre admirable.

» Puis à chaque dortoir était préposé un Père, qui tenait note des prescriptions du médecin et veillait à leur exact accomplissement; il passait tout le jour dans son quartier, pourvoyait aux exigences du moment, renouvelait l'air des salles en temps opportun et maintenait partout une irréprochable propreté. Les humbles détails de ménage dans lesquels il devait bravement entrer, donnèrent lieu à une petite scène réjouissante. M. le maire arrivait une fois à notre ambulance. « Monsieur le maire, s'écria notre vénérable docteur en l'apercevant, j'ai l'honneur de vous présenter le R. P., professeur de philosophie, dans l'exercice de ses

fonctions. » Et ce disant, il l'entraînait vers le P. C., décoré d'un long tablier bleu et gravement armé d'un balai. M. le maire demeura stupéfait.

» Outre les Pères préposés à chaque dortoir pendant la journée, on désignait chaque soir deux prêtres qui avaient la fonction de veiller toute la nuit... Puis venaient ceux que les officiers appelaient en riant la *Société des libres panseurs*. Deux fois par jour, trois Pères et un Frère faisaient régulièrement le pansement des blessures; ils assistaient à la visite du médecin, lui prêtaient leur aide dans les opérations difficiles et se tenaient prêts tout le jour à courir au premier appel où leur service était requis... »

Grâce à cette admirable organisation, l'ambulance de Saint-Clément devint populaire dans l'armée.

. « Où faut-il vous transporter? demandaient des brancardiers à un capitaine qu'ils relevaient du champ de bataille, couvert de sang et de blessures...

— Chez les Jésuites.

— Vous les connaissez donc?

— Je n'en connais aucun; mais je sais ce qu'ils font pour nous; avec une jambe broyée je ne puis guérir que par leurs soins. »

L'espoir du brave capitaine ne fut pas trompé; contre toute attente, il put marcher après deux mois d'ambulance (1).

Les officiers se montraient reconnaissants des soins qu'on leur prodiguait avec tant de dévouement.

Le commandant d'un bataillon de chasseurs à pied écrivait au Père directeur de l'ambulance :

« Au nom des officiers du 18ᵉ chasseurs à pied, j'ai l'honneur de vous remercier bien sincèrement des soins dont vous avez entouré notre malheureux camarade M. de R. pendant sa maladie; en lui allégeant la douleur, en consolant ses derniers moments, vous avez acquis des droits à notre reconnaissance à tous. »

Quelques jours après le bataillon changeait encore de chef. L'auteur de la lettre que nous venons de citer, mortellement frappé, était venu expirer à Saint-Clément. Le nouveau commandant écrivit à son tour :

« Mon Révérend Père,

» Je viens en mon nom personnel et de la part de tous les officiers du bataillon vous prier d'agréer l'expression de notre profonde gratitude pour les soins dévoués et les conso-

---

(1) Voy. *Souvenirs de Metz*, par le R. P. Didierjean, p. 21, 22, 25.

lations chrétiennes que vous avez prodigués à notre ancien et si regretté commandant.

» Votre lettre, mon Révérend Père, a été pour nous tous comme un dernier reflet de cette brillante existence militaire brisée au moment où elle pouvait être si utile au pays.

» Chacun de nous en gardera copie comme un souvenir de notre brave commandant et des Révérends Pères de Saint-Clément, dont l'hospitalité généreuse rappelle à la vie nos camarades de l'armée, les soigne dans leur détresse et adoucit la fin de ceux qui succombent dans la lutte. »

La nomination du docteur Warin, directeur de l'ambulance, au grade de chevalier de la Légion d'honneur (1), fut l'occasion d'une scène de famille des plus émouvantes. « L'occasion était belle, dit le R. P. Didierjean, pour ces cœurs d'officiers si délicats, d'exprimer à l'infatigable médecin leur admiration et leur gratitude. Ils ne la manquèrent pas. Tous se mirent en frais, l'un fit un discours, l'autre une pièce de vers français; chacun voulut contribuer à l'achat d'un splendide bouquet; les plus valides enfin parcoururent la ville pour choisir une croix digne d'être offerte au nouveau chevalier, et tout cela dans le plus grand secret avec le zèle qu'inspire l'affection. Tout est prêt et il est cinq heures du soir, c'est le moment où le docteur commence

---

(1) Ce n'est que plus tard que le R. P. Couplet, recteur de Saint-Clément, reçut la croix de chevalier de la Légion d'honneur, en récompense des services rendus par les Jésuites à l'armée de Metz. Le gouvernement de M. Thiers s'honora en accordant une telle distinction à l'humble religieux.

une seconde visite dans la salle des officiers. A peine a-t-il franchi le seuil que les applaudissements éclatent. Il trouve devant lui, en grand uniforme (autant du moins que le permettent les membres mutilés), tous les officiers parfaitement rangés en demi-cercle. Un brave capitaine d'artillerie, le doyen de son grade, s'avance, appuyé sur des béquilles, un papier à la main. C'est à peine s'il balbutie

quelques mots; les larmes qui jaillissent de ses yeux l'empêchent de lire ce qu'il a écrit. Alors, d'un mouvement spontané il tend sa feuille au bon docteur et l'embrasse en sanglotant. Après lui, un autre capitaine présente le bouquet et un lieutenant-colonel attache à la boutonnière la décoration si noblement conquise. Pleurant de surprise, d'émotion et de joie, le vénérable M. Warin ne peut que prononcer quelques paroles sorties du cœur. Le lendemain, il répétait à chacun : « Ah ! messieurs, je vous remercie; je préfère mille fois l'hommage de votre amitié à toutes les décorations officielles. Jamais je n'oublierai ce que vous avez fait pour moi. » Il ne l'oublia pas en effet ; il redoubla de zèle et de soins pour ses chers blessés, jusqu'à négliger toute prudence ; c'est à l'ambulance, comme à son véritable champ d'honneur, qu'il contracta un mois après la maladie qui l'emporta en peu de jours. »

Lorsque l'heure fatale de la capitulation fut venue, les blessés voulurent manifester une dernière fois la reconnaissance qu'ils avaient vouée aux Jésuites. Une députation d'officiers remit au Père recteur l'adresse suivante, signée de plus d'une main mutilée :

« Mon Révérend Père,

» C'est pour nous un bonheur autant qu'un devoir de vous redire hautement notre profonde et inaltérable reconnaissance pour les soins empressés que nous avons reçus à Saint-Clément. Nos remercîments s'adressent à tous, mais particulièrement aux Pères qui nous ont pansés et veillés. Par leur dévouement, par leur sollicitude au-dessus de tout éloge, ils ont su adoucir les derniers moments de nos frères décédés et avancer pour nous qui avons survécu l'époque si désirée de la guérison. Merci donc mille fois et pour eux et pour nous ! »

» Ce n'est pas tout : mus par une pensée aussi généreuse que délicate, ils résolurent d'ériger dans l'église Saint-Clément un monument qui transmît à la postérité l'expression de leur reconnaissance. Ils en tracèrent eux-mêmes le plan et en composèrent la légende; puis ils les apportèrent au Père recteur, en le priant d'agréer leur dessein et d'accepter la somme nécessaire à sa réalisation. Une telle proposition ne pouvait essuyer un refus. Aujourd'hui le voyageur français qui visite l'église Saint-Clément aperçoit, adossé au mur près de l'autel de la sainte Vierge, un monument d'une architecture simple et sévère, en forme de cénotaphe; sur le marbre qui occupe le milieu, il peut lire l'inscription suivante :

CUM EXTREMO ANNO 1870
DIUTURNA OBSIDIONE DIVODURUM MEDIOMATRICUM
URGERETUR,
MULTI MILITES GALLI, DEFATIGATIONE, PENURIA
IN GRAVISSIMOS MORBOS INCIDERUNT.
ALII IN CERTAMINIBUS, ERUPTIONIBUS, PROPUGNATIONE,
SAUCIATI SUNT,
EX QUIBUS QUOTQUOT POTUERUNT IN ÆDES SUAS
CLEMENTIANAS
ADMISERUNT SODALES SOCIETATIS JESU,
EORUMQUE CORPORA ET ANIMAS
DIU NOCTUQUE SINGULARI CARITATE PROCURARUNT,
CHRISTO IN INFIRMIS FRATRIBUS SERVIENTES.
CUJUS REI ET GRATI ANIMI, UT PERENNIS EXTET MEMORIA,
SUPERSTITES TRIBUNI, CENTURIONES, ALIIQUE PRÆPOSITI,
COLLATA PECUNIA, HUNC LAPIDEM POSUERUNT (1).

(1) « Lorsqu'à la fin de l'année 1870, Metz eut à subir les horreurs d'un long siège, un grand nombre de soldats français tombèrent très gravement malades par suite des fatigues et des privations, ou furent blessés dans les combats et les sorties qui eurent lieu pour la défense de la ville. Les Pères de la Compagnie de Jésus recueillirent tous ceux qu'ils purent dans leur maison de Saint-Clément. Aux corps et aux âmes ils prodiguèrent leurs soins nuit et jour avec une admirable charité, servant Jésus-Christ dans la personne de leurs frères. Voulant laisser de ce dévouement et de leur propre gratitude un souvenir durable, les colonels, capitaines et autres officiers qui ont survécu, ont élevé ce monument à frais communs. » (*Souvenirs de Metz*, p. 53, 54, 55.)

On ne s'étonnera pas qu'après avoir vu si longtemps les Jésuites à l'œuvre, la ville de Metz ne voulût pas être privée d'eux.

Quand la police prussienne expulsa les enfants de saint Ignace de leur maison de Strasbourg, une foule énorme,

groupée autour des proscrits, faisait retentir l'air du cri « Vivent les Jésuites »! On leur offrait des bouquets, des guirlandes, des couronnes, et M. Edmond About lui-même, gagné par l'enthousiasme universel, écrivait qu'à Strasbourg *le jésuitisme était devenu une nouvelle forme de patriotisme.*

Il en fut de même dans la capitale découronnée de la Lorraine.

C'était en 1872. Saint-Clément avait alors pour recteur le R. P. Stumpf. Pendant la guerre, ce religieux avait quitté Lille, où il était de résidence, était venu à Versailles et, à force de démarches, avait obtenu la permission d'entrer en Allemagne pour secourir nos prisonniers. Accompagné du R. P. de Damas, frère de l'aumônier de Belfort, il était aussitôt parti pour la Belgique afin d'y solliciter la charité, d'y tendre la main à toutes les portes et d'y recueillir pour les captifs, argent, remèdes, vêtements. Il alla, malgré son âge avancé et la rigueur de la saison, de forte-

resse en forteresse, de dépôt en dépôt, visiter les prisonniers et leur adoucir les souffrances de la captivité. C'était un cœur ardent, qui dans Metz prussifiée battait toujours pour la France, avec bien d'autres d'ailleurs, et qui avait fait du collège « comme un coin de la ville demeuré terre française ».

« Au dernier concours de Saint-Cyr, s'écriait-il un jour, en pleine distribution des prix et devant plusieurs officiers prussiens, treize candidats ont été déclarés admissibles. Ils sont prêts à remplacer à l'école les jeunes officiers sortis de Saint-Clément qui ont si vaillamment fait leur devoir dans la dernière guerre, dont trente sont tombés sur le champ de bataille et dont plusieurs autres, à vingt ans, portent la croix d'honneur et, ce qui est plus glorieux, de nobles cicatrices. »

Le vainqueur ne trouva pas ce patriotique langage de son goût et la loi d'expulsion fut appliquée aux Jésuites de Saint-Clément.

A peine cette décision fut-elle connue à Metz, qu'elle y suscita la plus vive émotion. L'administration municipale, au nom de la ville entière, fit parvenir au gouverneur général de l'Alsace-Lorraine une pétition pour demander le maintien des Jésuites à Saint-Clément. D'un autre côté, les dames de Metz s'adressaient à l'impératrice d'Allemagne pour la supplier d'arrêter les effets de la loi d'expulsion. Mais tout fut inutile. Comment dépeindre l'explosion de douleur indignée qui éclata alors? Toutes les classes de la société luttèrent à l'envi pour prodiguer aux proscrits les plus touchants témoignages de leurs sympathies et de leurs regrets.

Les curés de la ville se rendirent auprès du P. recteur pour lui exprimer « leur dévouement respectueux et leur profonde sympathie ».

Les ouvriers et les ouvrières catholiques de Metz lui envoyèrent une adresse, couverte de signatures, où on lisait ces lignes :

« Je viens, mes Pères, au nom d'une classe que vous avez aimée, que vous avez soulagée, que vous avez protégée, mêler nos regrets à ceux qui vous ont déjà été adressés, vous faire nos adieux... l'adieu du pauvre et de l'orphelin, l'adieu de la veuve, l'adieu des ouvriers.

» Partez, mes Pères, puisqu'on vous l'ordonne, mais, on vous l'a dit, ne secouez pas la poussière de vos vêtements sur une ville qui vous fut si chère, où vous laissez tant de souvenirs, où tant de cœurs vous resteront unis, d'où tant de sympathies vous suivront.

» Votre départ est un triomphe ; être chassé pour Jésus-Christ, c'est une gloire : c'est le sacrifice, le dernier peut-être contre lequel viendra se briser la colère du Très-Haut, peut-être aussi le dernier et douloureux holocauste qu'il demande de nous. pauvres catholiques de Metz, restant par position et par devoir forcément exilés de la patrie. »

» Vous partez, mes Pères, disait à son tour le vénérable évêque de Metz, vous partez pour porter sur une terre hospitalière vos vertus, votre science et votre zèle. Sachez du moins que notre reconnaissance vous suivra partout où vous dresserez votre tente. Cher Père recteur, il y a vingt ans déjà, lors de la fondation de ce collège, je vous ai vu à la peine ; aujourd'hui qu'il s'agit de sa dissolution, je vous vois sur la croix; un jour, je l'espère, et ce jour luira bientôt, je vous reverrai dans la joie du retour. Et vous, mes chers enfants, vous allez quitter cet asile béni où vous étiez venus abriter votre innocence; vous le quittez, je le sais, le cœur plein de larmes. A la joie si pure, aux jeux si pleins d'entrain dont vous animiez ces cours, vont succéder le silence et la solitude, mais ce ne sera pas le silence et la solitude de la mort. Sur Saint-Clément vide et désert, comme sur nos tombes chrétiennes, nous écrirons ce mot plein d'espoir : *In spem beatæ resurrectionis.* »

Enfin, les élèves des cours supérieurs de sciences voulurent aussi remercier leurs maîtres. Ils leur adressèrent une touchante lettre d'adieu qui fut publiée en France.

« Avant de vous quitter, disaient ces nobles jeunes gens, qu'il nous soit permis, au nom de tous nos camarades absents, de vous donner un témoignage public de nos regrets et de notre éternelle reconnaissance...

» Notre affection ne pourra vous sauver, mais elle vous consolera et vous vengera.

» Pendant vingt années, nous et nos camarades, nous vous avons vus à l'œuvre ; nous avons été les témoins assidus de votre sollicitude, de votre abnégation, de votre intrépidité, de votre dévouement.

» Trop souvent on vous accuse sans vous connaître, trop souvent l'aveugle préjugé dicte contre vous les plus odieuses calomnies.

» Nous, vos élèves, nous vous connaissons. Le témoignage de notre amour vaudra-t-il moins que celui de la haine et de l'envie?...

» Il ne nous sied pas de faire votre éloge. Votre éloge ! ah ! ce sont ces nombreux jeunes gens formés par vos soins et qui à cette heure sont déjà l'honneur de la magistrature, de l'industrie et de l'armée ; votre éloge, ce sont les jeunes héros, qui, remplis à votre école de l'amour de l'Église et de la France, ont si tôt et en si grand nombre rougi de leur sang les plaines de Mentana et de Castelfidardo, les champs de bataille de Reischoffen et de Gravelotte. Votre éloge enfin, ce sont les angoisses de tant de familles à l'approche de la catastrophe qui vous menaçait ; ce sont leurs larmes et les nôtres en ce jour d'adieux ; c'était aussi notre ferme et inébranlable résolution de vous suivre partout où vous auriez pu nous offrir un refuge...

» Mais hélas ! il faut nous séparer. Merci, Révérend Père Recteur, et vous tous, nos Pères, qui avez présidé à notre éducation, merci de vos soins et de vos fatigues... merci de la science que vous nous avez communiquée, merci des exemples que vous nous avez donnés, du patriotisme vigoureux et sincère que vous nous avez inspiré, des principes dont vous avez armé nos âmes pour les luttes de l'avenir.

» Merci enfin de l'honneur qui nous revient aujourd'hui de votre proscription même. Oui, ce sera éternellement une gloire pour les derniers élèves de Saint-Clément d'être tombés avec leurs maîtres POUR LA CAUSE DE DIEU ET DE LA PATRIE (1). »

(1) *Souvenirs de Metz*, passim.

LE CLERGÉ RÉGULIER

Ces jeunes gens en avaient donc conscience : c'était « pour la cause de Dieu et de la patrie » que leurs maîtres tombaient : c'était pour avoir voulu faire de leurs élèves de trop bons chrétiens et de trop bons Français que la Prusse les chassait !

Qu'eussent-ils dit, si on leur avait annoncé alors que sept ans ne se passeraient pas avant qu'une Chambre française n'enlevât à ces glorieux proscrits de Dieu et de la patrie le droit d'enseigner la jeunesse, sous prétexte qu'ils manquaient de patriotisme et n'avaient pas l'amour du pays !

Ils n'auraient pas voulu croire à la possibilité d'une pareille entreprise, et cependant, hélas ! en leur affirmant cela, on ne leur eût pas menti !

LIVRE TROISIÈME

LES FRÈRES DES ÉCOLES CHRÉTIENNES

LES FRÈRES
DES ÉCOLES CHRÉTIENNES

I

C'EST pour un crime analogue à celui des Jésuites que les Frères de la doctrine chrétienne furent bannis d'Alsace. Interpellé au mois de mai 1873 sur leur expulsion, M. de Bismarck répondit par ces simples paroles : « Je n'ai pas autre chose à dire, sinon que les autorités de l'Alsace-Lorraine ont agi d'après cette conviction, que l'activité de ces Frères, de ces religieux, était encore plus préjudiciable au pays que le manque d'instituteurs, et qu'un enseignement empoisonnant l'esprit allemand en Alsace serait pire que l'absence de l'enseignement elle-même. »

Empoisonner l'esprit allemand en Alsace, c'était entretenir au cœur des enfants le culte de la France, le souvenir de la patrie perdue. Les Frères avaient commis ce crime : ils furent exilés.

Aujourd'hui, on les accuse chez nous de ne pas donner un enseignement national. La haine, d'ordinaire si perspicace, de M. de Bismarck s'était-elle donc alarmée trop tôt et, en revêtant l'habit religieux, les Frères ont-ils réellement dépouillé leur cœur de tout patriotisme ?

Quand la guerre éclata, les Frères de la doctrine chrétienne n'étaient pas encore en vacances : ils faisaient chaque jour la classe. Exemptés du service militaire, non point par leur qualité de religieux, mais par leur engagement décennal dans l'instruction publique, ils avaient exactement les mêmes droits que les instituteurs primaires, les professeurs des collèges et tout le personnel de l'enseignement public en France. L'année scolaire terminée, ils pouvaient donc se reposer de leurs pénibles labeurs, en laissant à d'autres le soin de se dépenser pour le pays. C'est ce que fit le plus grand nombre des instituteurs laïques. Mais les Frères étaient religieux, et, à ce titre, ils avaient droit à une part exceptionnelle dans les fatigues de la guerre et le péril commun. Le 15 août 1870, leur supérieur général la réclama, en adressant au ministre de la guerre la lettre que voici :

« Monsieur le ministre,

» Malgré les travaux de l'année scolaire, opérés sous les excessives chaleurs qui ont eu lieu pendant l'été, nos Frères veulent profiter du temps des vacances pour payer à la patrie un nouveau tribut de dévouement.

» En conséquence, monsieur le ministre, je viens mettre à votre disposition tous les établissements libres que nous possédons, tels que : Passy, Saint-Omer, Thionville, Dijon, Beauvais, Dreux, Lille, Reims, Lyon, Chambéry, Le Puy, Béziers, Toulouse, Marseille, Avignon, Rodez, Nantes, Quimper, Tours, Orléans, Moulins, Clermont, notre maison mère, rue Oudinot, à Paris, etc., etc., et, en ce qui nous concerne, les maisons et écoles communales que nous dirigeons dans toute l'étendue de l'empire, pour être transformées en ambulance.

» Tous les Frères qui dirigent ces établissements libres et publics s'offrent pour prodiguer leurs soins aux malades et aux blessés qui leur seront confiés, etc... »

Le ministre de la guerre eut bien garde de refuser le concours d'auxiliaires si précieux. Aussitôt on se mit à l'œuvre de toutes parts, et bientôt un grand nombre d'ambulances furent prêtes.

Déjà les blessés arrivaient des bords du Rhin. A l'ambulance établie dans la gare du Nord, les Frères en soignèrent 994, du 26 août au 14 septembre. A l'ambulance de leur maison du faubourg Saint-Martin, où 25 d'entre eux étaient occupés, ils donnèrent, en moins d'un mois, les premiers soins à plus de 1350 soldats. Quand l'investissement fut consommé, ils se répartirent entre diverses maisons et soignèrent les blessés à l'ambulance de la Légion d'honneur de Passy et à celles de Saint-Maurice (rue Oudinot), de Saint-Paul (rue Saint-Antoine), des Arts-et-Métiers, de Sainte-Clotilde et de Bullier. Dans la première passèrent 1168 malades. Ce ne fut pourtant pas la plus importante de celles que dirigèrent les Frères, car leur œuvre principale en ce genre fut l'ambulance de Longchamp.

Les pavillons de Longchamp, au nombre de 29, avaient

été construits au rond-point même, sur un terrain mesurant 40000 mètres de surface. 21 d'entre eux comprenaient une salle contenant de 20 à 30 lits et diverses petites pièces nécessaires au service. Les 8 autres étaient affectés au service de la lingerie, de la cuisine, de la pharmacie et des bureaux.

C'est le 19 janvier que les ambulances de la presse prirent possession de ces pavillons. Le docteur Ricord, chargé d'or-

ganiser le personnel, s'empressa de demander au Frère Philippe, général de l'Institut des écoles chrétiennes, un grand nombre de religieux pour le seconder. Il confia la charge d'administrateur supérieur de l'ambulance au Frère Exupérien, maître des novices de Paris. Sous la haute direction de ce religieux, 14 autres Frères se livraient aux travaux d'administration, 250 remplissaient l'office d'infirmiers et de garde-malades, et les jours de combat, 300 allaient sur le champ de bataille ramasser les blessés.

Le docteur Ricord n'eut pas à se repentir d'avoir mis les Frères à la tête de l'ambulance, et il se plaisait à leur rendre justice devant tous. « Je n'aurais jamais cru qu'on pût trouver tant de dévouement chez des hommes », disait-il souvent, et lorsqu'il faisait les honneurs de l'ambulance à quelque visiteur de marque, il prenait plaisir à répéter : « Ce sont les Frères qui ont fait notre fortune. Sans eux, avec un personnel double de celui que nous avons, nous n'aurions jamais obtenu la moitié des résultats auxquels nous sommes arrivés. »

Les chefs de service étaient du même avis que le célèbre praticien. « Nous avons eu les Frères, disait le docteur Demarquay à ses amis, et, grâce à eux, nous avons obtenu des résultats inespérés. »

« Je pars content, disait le docteur Bastien après sa visite, parce que je suis certain qu'en mon absence les pansements seront bien faits. »

II

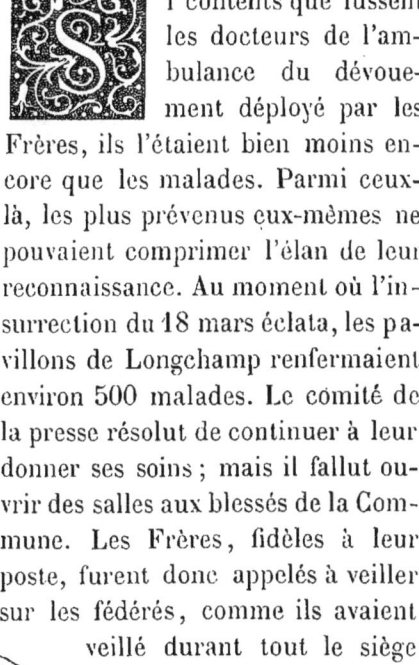

Si contents que fussent les docteurs de l'ambulance du dévouement déployé par les Frères, ils l'étaient bien moins encore que les malades. Parmi ceux-là, les plus prévenus eux-mêmes ne pouvaient comprimer l'élan de leur reconnaissance. Au moment où l'insurrection du 18 mars éclata, les pavillons de Longchamp renfermaient environ 500 malades. Le comité de la presse résolut de continuer à leur donner ses soins ; mais il fallut ouvrir des salles aux blessés de la Commune. Les Frères, fidèles à leur poste, furent donc appelés à veiller sur les fédérés, comme ils avaient veillé durant tout le siège sur nos braves soldats. La mission était délicate, car les gardes nationaux arrivaient à l'ambulance, pleins de méfiance et de soupçons. Mais la charité a raison de toutes les préventions. Celle des Frères conquit bientôt l'estime et la reconnaissance des victimes de cette guerre fratricide, et, lorsque le citoyen Ostyn, membre de la Commune, vint visiter les pavillons, il dut, après avoir entendu l'éloge des Frères de la bouche de tous les fédérés, rendre lui-même hommage à leur dévouement et à leur infatigable activité.

La Commune ne se piquait pas de logique. Elle venait de faire l'éloge des Frères ; quatre jours après, elle les expulsa.

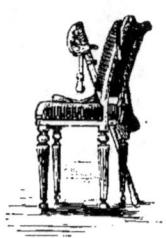

Dès qu'on vit les Frères s'apprêter au départ, les malades, et les fédérés surtout, furent plongés dans la consternation. On ne voulait pas que des infirmiers si dévoués fussent chassés comme de mauvais domestiques ! Il fallait qu'ils restassent à un poste qu'ils avaient honoré par leur abnégation ! Des pétitions se signèrent dans toutes les salles et, inconséquence qui n'est pas rare ! ces hommes, qui avaient été frappés sur les remparts en défendant la cause d'un gouvernement ennemi de la religion, réclamèrent avec instance les secours de quelques religieux. Mais les gémissements de ces malades se perdirent au milieu du cliquetis des verres et des joyeuses chansons de table de l'hôtel de ville : on ne les entendit pas, et les Frères furent renvoyés.

Il y eut alors comme une révolte dans les salles : les mains de la Commune étaient trop rudes pour toucher la douleur. Lorsque l'officier principal qui remplaçait le Frère

Exupérien passa pour la première fois l'inspection de l'ambulance, un chef de bataillon de la garde nationale, se soulevant sur son lit, l'apostropha avec la dernière violence : « Hommes sans cœur, s'écria-t-il, vous nous avez privés d'amis qui nous aimaient plus qu'ils ne s'aimaient eux-mêmes... Désormais, plus de consolations pour nous! Vous êtes des misérables et des lâches... » Toute la salle applaudit et l'officier, pourpre de colère, dut sortir au plus tôt.

Un franc-maçon, chef de bataillon garibaldien, Herpin-Lacroix, ne voulut pas demeurer à Longchamp après le départ des Frères. Il se fit transporter à l'ambulance qui avait été établie au Grand-Orient, et s'entremit pour faciliter à trois de ses anciens garde-malades la sortie de Paris.

Ce n'était pas la première fois, du reste, qu'un garibaldien saluait avec respect la bure de l'Ignorantin. Au combat de Messigny, sous Dijon, l'armée de Garibaldi avait acclamé les Frères : « *Evviva, evviva i Frati!* » criaient les bandes italiennes, tandis que les religieux allaient recueillir les blessés sur le champ de bataille. « *Bravo! essi, si, che sono uomini,* bravo, voilà des hommes! » Oui, des hommes, c'en était et plût à Dieu que tout le monde eût aussi bien fait son devoir qu'ils le firent !

En province, comme à Paris, les Frères s'abandonnèrent à leur besoin de dévouement et de sacrifice.

« Ils se demandèrent, dit le rapporteur de l'Académie française, comment ils pourraient concourir à la défense du pays et soulager ses maux. Deux fibres vibrèrent à la fois dans leurs cœurs : celle du citoyen et celle du chrétien ; deux vertus les entraînèrent : le patriotisme et la charité... Ils parurent sur tous les champs de bataille : à Dijon, à Alençon, à Pouilly, à Pontarlier, partout où l'on se battit, allant toujours au milieu du feu, le plus loin possible, pour ramasser nos blessés. »

Après avoir relevé les défenseurs de Verdun sur les remparts, ils recueillirent les enfants de troupe des 57e et 80e régiments de ligne et du 5e chasseurs à cheval, que la capitulation de la place avait privés de leurs parents, et ils les nourrirent pendant cinq mois.

A Laurac, ils devinrent quêteurs et, avec le linge qu'on leur donna, ils firent de la charpie et mirent dans le sac de chaque mobilisé trois compresses et un petit indispensable médical. A Saint-Étienne, à Saint-Denis, à Nemours, ils tenaient les écritures du bureau des subsistances. A Dieppe, ils fabriquaient des cartouches.

Dans les départements occupés, ils furent encore plus utiles. Combien de fois ne réussirent-ils pas à faire évader les prisonniers que l'on conduisait en captivité ! A Corbeil, 66 soldats leur durent ainsi la liberté. A Dreux, 37 prisonniers et à Morteau 20 autres s'échappèrent, grâce à eux, des mains de leur escorte. Le Frère directeur de l'école de Pourru-Saint-Rémy fut même assez heureux pour obtenir la vie sauve à deux habitants, MM. Lecaillou et Grastieaux, que les Prussiens allaient passer par les armes.

Ce fut surtout dans les ambulances que les Frères firent un bien immense.

Nous avons dressé une liste, fort incomplète, du nombre des soldats qui furent soignés par ces religieux dans les maisons que l'Institut avait en province et, si incomplète qu'elle soit, cette liste a une éloquence sans pareille.

La voici dans toute sa simplicité.

Les Frères soignèrent :

A Lyon.	696 soldats
A Toulouse	417 »
A Dijon	500 »
A Châlon-sur-Saône . .	780 »
A Orléans	250 »
A Dreux	348 »

A Nantes	60 »
A Avignon	129 »
A Bordeaux	301 »
A Mer (Loir-et-Cher) .	1008 »
A Dunkerque	490 »
A Falaise	280 »
A Libourne	160 »
A Clamecy	200 »
A Montluçon	255 »
A Pesme (Haute-Saône) .	414 »
A Besançon	580 »
A Bapaume	501 »
A La Charité	746 »

Et nous ne parlons pas de Marseille, de Vienne, de Niort, de Nîmes, de Chartres, de Cherbourg, de Saint-Quentin, de Nuits, de Chambéry et de vingt autres villes pour lesquelles les chiffres nous manquent !

Qui calculera l'argent dépensé dans toutes ces ambulances ? Et les journées de garde-malades que représentent tous ces soins ? Ce n'est plus par milliers qu'il faudrait compter ici ; c'est par centaines de mille, et cela ne suffirait pas encore.

Mais comment ne pas saluer, d'un souvenir au moins, ceux qui périrent victimes de leur dévouement, et que la mort saisit sur le champ de bataille ou au chevet des blessés ! Humbles héros de la charité, dont le monde ignore jusqu'au nom, et qui, en descendant volontairement au cercueil, n'ont pas même réussi à défendre leurs Frères survivants des ricanements de la sottise et des persécutions de l'incrédulité ! Vingt morts, plus de cinquante blessés ou malades, il semblait cependant que c'en fût assez pour éteindre bien des haines ! Mais non, les haines se sont rallumées au souffle de la passion et aujourd'hui elles font leur œuvre.

Quand le docteur Ricord disait au Frère Baudime : « Mon Frère, s'embrasse-t-on chez vous ? Eh bien, portez ce baiser à tous vos Frères et dites-leur qu'au nom de la France nous les remercions ; » quand il attachait sur la poitrine du Frère Philippe la croix de la Légion d'honneur; quand il assistait, à Saint-Sulpice, aux obsèques glorieuses du Frère Néthelme, aurait-il pu s'imaginer que Paris, qui avait vu les Frères à l'œuvre, les chasserait jamais de ses écoles ?

Mais Paris a la mémoire courte. Il ne se souvient plus de Champigny et du Bourget. Il ne se rappelle plus ces cinq à six cents brancardiers volontaires (1) qui excitèrent jadis son enthousiasme. Et cependant quelle ne fut pas leur intrépidité !

« La Société de la presse fit appel à leur dévouement, dit le rapport lu à l'Académie française, le 8 août 1874, pour les enrôler dans son entreprise en qualité de brancardiers sur les champs de bataille et d'infirmiers dans les ambulances. Les Frères acceptèrent avec enthousiasme. Ils fournirent cinq à six cents des leurs, qui furent constamment et gratuitement occupés à ces deux services. Les jours de bataille ils étaient plus nombreux.

» Il faut ajouter, messieurs, que leurs écoles ne furent jamais fermées, ni leurs classes interrompues pendant toute la durée du siège. Ils suffirent à tout, à l'enseignement scolaire, aux ambulances intérieures, et aux combats. Ils se dédoublaient, chaque Frère marchait à son tour. Un jour il faisait la classe, l'autre jour il allait au feu. Ils étaient en concurrence entre eux pour partir. Le jour où le Frère Néthelme fut tué à la bataille du Bourget, ce n'était pas à lui de marcher.

---

(1) Le métier de brancardier était un vieux métier pour les Frères. Ils l'avaient déjà fait en 1814 dans la plaine de Saint-Denis.

» C'est ainsi qu'ils eurent constamment leurs places, et sur les remparts et dans les batailles qui se livrèrent devant nos murs : la bataille de Champigny, celle du Bourget, celle de Buzenval et l'attaque de Montretout.

» Ces jours-là, on les voyait de grand matin, par un froid rigoureux, traverser Paris au nombre de trois à quatre cents, salués par la population, le Frère Philippe en tête malgré ses quatre-vingts ans, et les envoyant au combat, où il ne pouvait les suivre. Quant aux Frères, ils affrontaient le feu comme s'ils n'avaient fait que cela toute leur vie, admirables par leur discipline et leur ardeur.

» C'est ce que tout le monde a proclamé. Ils étaient réunis par escouade de dix, un médecin avec eux, et ils marchaient comme un régiment. Arrivés au combat, les reins ceints d'une corde et s'avançant deux par deux avec un brancard, ils se répandaient, courant toujours du côté du feu, relevant les blessés, les portant avec soin jusqu'au médecin et aux voitures d'ambulance. Pour chaque bataille il y aurait une foule de traits à signaler. « Mes frères, leur criait un jour un de nos généraux, l'humanité et la charité n'exigent pas qu'on aille si loin. » Un autre chef descend de cheval et embrasse l'un d'eux sous le feu du canon, en lui disant : « Vous êtes admirables, vous et les vôtres ! »

» C'est qu'en effet, dans le plus fort de la mêlée, ils couraient à nos blessés, sous les balles et la mitraille, mêlés cordialement avec nos soldats, qui les regardaient comme des camarades. Ils marchaient de concert : l'un, comme on l'a remarqué, portait l'épée qui tue, l'autre la croix qui sauve. Puis, le lendemain des batailles, ils ensevelissaient les morts. »

III

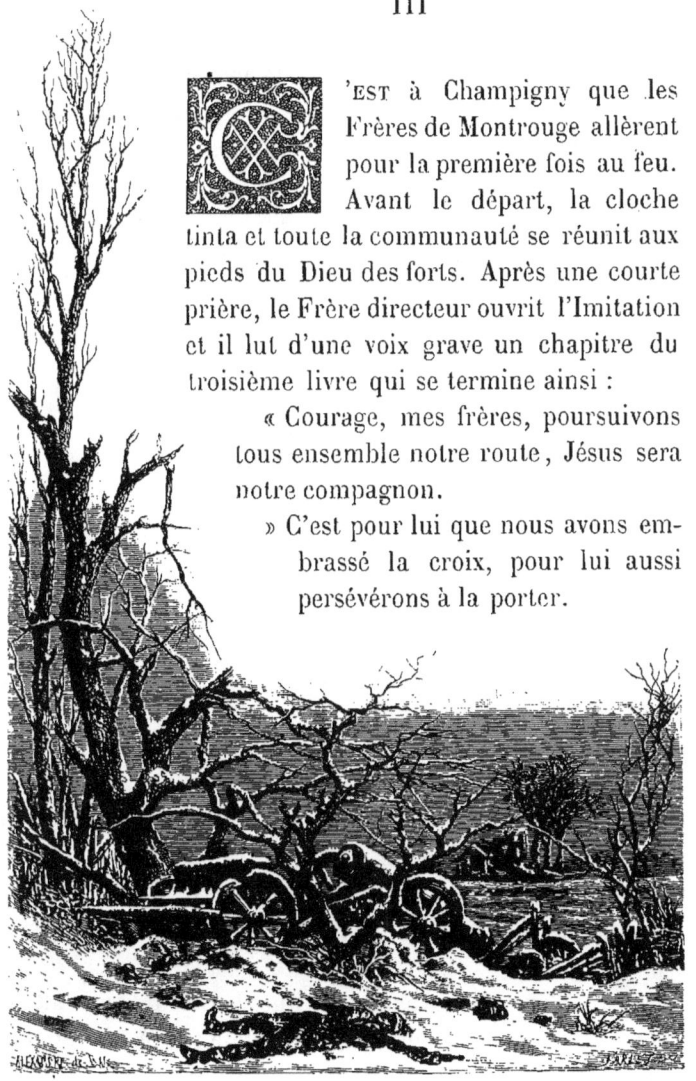

C'est à Champigny que les Frères de Montrouge allèrent pour la première fois au feu. Avant le départ, la cloche tinta et toute la communauté se réunit aux pieds du Dieu des forts. Après une courte prière, le Frère directeur ouvrit l'Imitation et il lut d'une voix grave un chapitre du troisième livre qui se termine ainsi :

« Courage, mes frères, poursuivons tous ensemble notre route, Jésus sera notre compagnon.

» C'est pour lui que nous avons embrassé la croix, pour lui aussi persévérons à la porter.

» Il sera notre soutien, lui qui est notre guide et notre chef.

» Oui, voilà notre roi qui marche à notre tête et qui combattra pour nous.

» Suivons sa trace en hommes de courage. Que personne ne tremble. Tous, soyons prêts à mourir généreusement en face de l'ennemi et ne souillons point notre gloire par une fuite honteuse devant le danger. »

Silencieux et recueillis, les Frères sortirent deux à deux de l'humble chapelle. Une heure après, ils étaient sur le champ de bataille.

« J'ai blanchi au milieu des combats, leur dit le premier blessé qu'ils relevèrent ; j'ai fait vingt-deux campagnes, mais jamais je n'ai vu d'engagement aussi meurtrier que celui-ci. »

Ce blessé était le général Renault.

Les Frères le portèrent à l'ambulance et revinrent sur le champ de bataille continuer leur œuvre. Leur courage était à la hauteur du danger.

L'un d'eux est atteint par une balle. Il poursuit sa route. Un peu plus loin, un obus éclate auprès de lui et le blesse à la jambe. « Arrêtez, » lui crie-t-on, en voyant le sang couler. Le bon Frère s'arrête, entoure sa jambe d'un mouchoir et reprend son service de brancardier avec autant de calme que s'il n'eût pas été blessé.

Le 13 octobre, un jeune religieux arrive à Châtillon. L'action est engagée. Il traverse à découvert un champ sur lequel débouche une rue où l'artillerie vomit la mitraille ; il marche hardiment quand les signaux d'un sous-officier l'arrêtent : il allait droit à la ligne où l'ennemi concentrait son feu ; il n'a que le temps de se réfugier dans une maison que les projectiles criblent, et tandis que les balles écornent les angles des murs et font sauter les ardoises de la toiture, il attend, impassible et en égrenant son chapelet, la première éclaircie pour voler au secours de ceux qui sont tombés.

« A quelques pas de là, quatre Frères sont informés qu'un capitaine blessé est sans secours dans une petite maison qu'on leur montre du côté des Prussiens. Aussitôt ils s'élancent sous les feux qui se croisent, et à travers les cadavres rapportent dans leurs bras le pauvre capitaine, ému jusqu'aux larmes d'un pareil dévouement....

» Les soldats, témoins de ce sang-froid, leur crient : « Frères, vous êtes des nôtres ; revenez avec nous. » Ils reviennent en effet. Au même instant un obus éclate au milieu d'eux, tue un cheval et son cavalier, qui tombe la poitrine ouverte et le cœur jeté dehors sur un Frère dont la robe est en même temps traversée par un éclat. Le Frère était jeune : il pâlit un moment. Mais il s'agenouille, prie et remet dans la plaie béante ce cœur qui ne doit plus battre ici-bas. Puis l'âme triste... il s'éloigne pour rejoindre ceux de ses confrères dont le service est de porter les blessés aux voitures ou aux bateaux-mouches (1). »

(1) J. d'Arsac, *Les Frères des Écoles chrétiennes.*

Les Frères déployèrent au Bourget et à Buzenval la vaillance qu'ils avaient montrée à Champigny et à Châtillon.

C'est au Bourget que fut frappé le Frère Néthelme, tandis qu'il allait recueillir un blessé à cent cinquante mètres en avant des lignes françaises. Il tomba sanglant dans les bras d'un de ses confrères et fut transporté à l'ambulance sur le brancard même dont il s'était chargé. Quelques jours après il expirait, et M. Jules Ferry, invité à paraître aux funérailles du pauvre brancardier, écrivait à M. de la Grangerie, secrétaire du Comité des ambulances de la presse :

« Monsieur,

» Je vous suis reconnaissant de cette pieuse pensée d'associer l'administration municipale à l'hommage que vous rendrez demain au très digne et très courageux citoyen, en religion Frère Néthelme, qui a payé de sa vie son dévouement pour les blessés. S'il y a des degrés dans l'héroïsme, les plus beaux sacrifices sont les plus obscurs, et le Frère Néthelme a accompli le sien, assurément sans espoir de gloire. C'est pour nous un devoir d'autant plus étroit de lui rendre les honneurs civiques auxquels il n'aspirait pas, mais qui témoigneront *une fois de plus de l'union intime de toutes les âmes françaises dans une seule foi et dans un même amour, l'amour et la foi dans la patrie.* Je ne puis assister personnellement aux funérailles du Frère Néthelme, mais la présence de M. Léon Béquet, chef du cabinet du gouverneur, particulièrement chargé de la direction et de l'organisation de nos brancardiers municipaux, marquera nettement le sentiment fraternel qui unit tous les collaborateurs à notre grande œuvre hospitalière.

» Recevez, etc.

» *Signé :* Jules FERRY. »

L'union intime de toutes les âmes françaises dans une seule foi et dans un même amour, l'amour et la foi dans la patrie! Ah! monsieur Ferry, et vos deux Frances!

Tous ceux qui furent les témoins du courage simple et sans forfanterie des Frères lui rendirent hommage.

« J'étais leur adversaire, disait à Buzenval le chef de l'un des bataillons de la garde nationale, je deviens leur ami. Ce sont des patriotes et la France a besoin d'eux! »

Huit jours auparavant, ce commandant s'était écrié devant ses hommes : « Si tous les gens de religion pouvaient être devant les canons prussiens et qu'il n'en restât pas un, je serais content! »

« Les hauts faits et les traits d'héroïsme chrétien de ces hommes, dit le docteur O. de Langenhagen, ont déjà retenti dans tous les cercles de la capitale... Leur conduite commande le respect et l'admiration, et leur exemple convertirait à la religion et à la vérité tous ceux qui doutent ou que le scepticisme égare. Pour ma part, tout hérétique que je suis, j'ai été saisi d'étonnement et d'admiration devant les faits dont j'ai été témoin, comme tant d'autres de mes confrères, à Champigny, à Villiers, à Petit-Bry... »

« Un des grands sujets de conversation parmi les *pioupious*, écrivait à son tour un des rédacteurs du journal *le*

Soir, c'est la conduite des Frères. Ces hommes noirs qui, calmes, stoïques, marchent au milieu des balles portant les blessés, remplissent nos soldats d'admiration. Il faut dire que ces deux cents Frères ont donné l'exemple d'un courage réel ; plus de dix fois nos généraux ont dû les forcer à attendre que la fusillade fût finie pour aller relever les blessés. »

« Nous avons bien des fois dans ce journal, écrivait encore M. Sauvestre à l'*Opinion nationale*, lutté contre le caractère envahissant des congrégations religieuses... C'est un devoir pour nous de leur rendre aujourd'hui justice... particulièrement au dévouement courageux avec lequel les Frères des écoles chrétiennes vont ramasser les blessés jusque sous les balles ennemies...

» Dans l'ère nouvelle que la république de 1870 a ouverte, la lutte a changé de nature. Liberté pour tous sous la loi commune, et honneur à qui fera le mieux... Nous devons constater qu'en ce moment les Frères des écoles ont pris une avance. »

Enfin, le *Times* disait de son côté : « Restent les Frères des écoles chrétiennes ; ils semblaient vraiment *la vieille garde (old guard)* des infirmiers ; leur activité était prodigieuse...

» J'en ai vu un qui avait ramassé un obus, et comme un soldat lui criait de prendre garde, parce que cet obus venait justement de tomber et pouvait éclater, le Frère, au lieu de le jeter au plus vite, ce que neuf civils sur dix n'auraient pas manqué de faire, eut la présence d'esprit de le poser doucement à terre, avec autant de sang-froid que s'il se fût agi d'un œuf, et se tournant vers nous qui faisions au projectile une mine assez piteuse, il nous dit tranquillement qu'il est très dangereux de laisser tomber cela lourdement, parce qu'il y aurait alors explosion. » (*Times*, 10 décembre 1870.)

Quant aux Prussiens, lorsqu'après la bataille ils virent le dévouement avec lequel soixante Frères procédèrent pendant trois jours à l'inhumation des cadavres restés sur la ligne des avant-postes, ils furent saisis d'admiration.

« Nous n'avons rien vu d'aussi beau jusqu'ici, dit l'un d'eux.

— A l'exception des sœurs grises, » reprit un autre.

Cet éloge n'était certes pas exagéré.

Les Frères étaient arrivés sur le champ de bataille le 6 décembre. Pendant sept heures consécutives et par un froid excessif, ils avaient travaillé sans relâche à creuser les quatre tranchées destinées à recevoir nos morts. Rien n'avait pu vaincre leur ardeur; mais les victimes étaient nombreuses et, à la nuit tombante, 485 d'entre elles seulement reposaient, côte à côte, au fond des longues fosses. L'armistice était expiré : il fallait rentrer dans Paris, sauf à le faire renouveler le lendemain.

Le 8, les Frères revinrent en effet pour terminer leur lugubre besogne.

La neige était tombée en abondance pendant la nuit, rapporte M. Blandeau ; une neige sèche, fine, qui se glissait partout, garnissait tous les points noirs, élargissait l'horizon et aveuglait le regard.

Le convoi, composé de fourgons chargés de pioches et de sacs de chaux vive, et escorté de Frères aux sombres costumes, traversait ce paysage éblouissant et morne à la fois, comme ceux que traversait en Russie la grande armée vaincue.

Des feux disséminés çà et là et dont la fumée s'élevait en tournoyant vers le ciel ; autour de ces feux des soldats, les uns, les plus heureux, le buste enveloppé dans une peau de mouton, les autres, les oreilles abritées contre le froid par un simple mouchoir ; sur la ligne des avants-postes, les sentinelles encapuchonnées et les hommes assis sur leurs sacs, faisant cercle devant quelques tisons ; tout un attirail de guerre, complétait ce tableau plein de tristesse.

Quand on arriva à la Fourche, un capitaine prussien disposait ses hommes pour l'enlèvement des derniers cadavres. Les Frères déblayèrent les fosses comblées par la neige de la nuit et reprirent courageusement leur œuvre interrompue.

Les morts de Petit-Bry, de Champigny et de Croisy commencèrent à arriver par charretées. On procéda à la vérification des numéros matricules à défaut d'indications plus précises ; chaque rangée, aussitôt après avoir été reconnue, allait prendre sa place à côté des autres.

Ce pâle linceul qui recouvrait le sol, ces arbres qui étendaient leurs bras décharnés vers le ciel, ces trous béants où les cadavres, roides et blêmes, dormaient de l'éternel sommeil sur un lit de chaux aussi froid que la neige; ces ombres noires qui se profilaient sur le fond blanc, tout, dans cette nature, concourait à une mise en scène impossible à oublier.

Les Frères poursuivaient, en priant, leur douloureuse besogne. Les pelles retentissaient sur la terre avec un bruit sourd. Mais on avait beau se hâter : il restait encore des cadavres au bord des fosses. La nuit s'avançait pourtant et la fatigue des travailleurs devenait extrême.

Il fallait encore un vigoureux effort : on le fit. Les fourgons se rangèrent le long de la route : le sol fut nivelé et les bons religieux, baissant leurs manches retroussées depuis le matin, rejetèrent leur sac sur leurs épaules et se rangèrent autour des aumôniers.

Une bénédiction suprême tomba sur les héroïques victimes; le chiffre des morts fut officiellement annoncé à haute voix; puis, on planta sur chaque tumulus une croix de bois noir et les Frères reprirent le chemin de leur couvent en priant pour le repos de ceux auxquels ils venaient de rendre au prix de tant de fatigues les derniers devoirs.

Quand, au feu, une légion de braves se conduit avec tant de vaillance que pour récompenser dignement son courage il faudrait décorer jusqu'au dernier de ses hommes, c'est à la hampe du drapeau lui-même qu'on attache le signe de l'honneur. Cette suprême distinction fut accordée à l'Institut des Frères. Deux ans après la guerre, l'Académie française, chargée de décerner le prix de la ville de Boston à la personne qui s'était distinguée par le plus grand acte de dévouement devant l'ennemi, ne crut pouvoir mieux faire que de couronner les brancardiers de Buzenval et du Bourget. L'honneur était grand, mais il était bien mérité aussi. En le décernant aux humbles instituteurs du pauvre, l'Académie les lavait par avance de toutes les accusations contraires et pour jamais elle consacrait leur patriotisme, en répétant, au nom de la France, le cri d'admiration poussé par l'officier prussien de Champigny !

LIVRE QUATRIÈME

LES SŒURS DE CHARITÉ

LES SŒURS DE CHARITÉ

I

Lorsqu'au camp de Varna, désolé par un fléau implacable, le bruit se répandit que les Sœurs étaient arrivées pour soigner les malades; lorsqu'on eut aperçu, à la porte de la baraque qui servait d'hôpital, leurs robes grises et qu'on eut vu sur leur angélique figure ce doux sourire qui console tant, les soldats s'écrièrent : « Nous n'avons plus peur ! les Sœurs sont avec nous ! »

Les Sœurs étaient avec eux, et la mort, qui les épouvantait tout à l'heure, ne les effrayai plus. C'est qu'ils sentaient que, si un jour elle s'avançait vers eux, près de leur lit veillerait une mère. « Faites-moi transporter à l'*Hôtel de Toulouse,* disait quinze ans plus tard le général Renault à ceux qui le relevaient couvert de sang sur le champ de bataille de Champigny; il y a là une bonne et sainte fille qui aura soin de moi »

Cette « bonne et sainte fille » était une Sœur de charité.

Pour le vieux général comme pour le troupier de la Dobrutscha ou de Sébastopol, la Sœur était l'ange visible auquel la Providence semble avoir dévolu les soins à donner au soldat blessé. Sur ce point, toute l'armée française pensait comme le général Renault. Aussi, les ambulances confiées aux Sœurs ne désemplissaient-elles pas plus en 1870 que les hôpitaux de Gallipolli, de Péra, de Rachschi, de Mallipé et de Daoud-Pacha en 1854.

Elles étaient nombreuses cependant, les unes installées dans les établissements mêmes occupés par les Sœurs, les autres seulement desservies par elles. Mais combien plus nombreux encore n'étaient pas les malades et les blessés!

La mort devait nécessairement faucher en grand dans cette agglomération de jeunes hommes, accourus de toutes les campagnes de la France au secours de la capitale assiégée et qui, mal nourris, mal vêtus, entassés dans les casemates de fort ou logés dans les maisons des villages abandonnés de la banlieue, étaient sitôt épuisés par le rude service des tranchées et des avant-postes (1). La foi dans l'avenir les avait quelque temps soutenus. Mais l'espoir enthousiaste des premiers jours s'était promptement évanoui.

(1) Dr De la Grandière.

Les revers successifs qui les frappaient, le désespoir de voir leurs courageux efforts toujours inutiles, l'absence de nouvelles de leurs familles et la nostalgie minèrent leur énergie morale, comme les froides nuits de grand'garde ruinaient toutes les forces de leur corps. Ils tombèrent alors et ce furent les Sœurs qui les relevèrent pour les porter à l'ambulance et veiller maternellement à leur chevet.

Les Dames de Saint-Joseph de Cluny connaissaient de longue date les hôpitaux français. Sous un soleil de feu, dans nos colonies les plus malsaines, nos marins les voient avec admiration depuis bien des années déjà, constantes au poste d'honneur qu'on leur a confié. Seules, l'obéissance ou la mort les relèvent de cette meurtrière et sublime faction : la peur, jamais. En vain les plus redoutables épidémies s'abattent-elles sur ces régions éprouvées; en vain y multiplient-elles les cercueils; la Sœur de Saint-Joseph ne s'en émeut pas : Dieu lui donnera les forces nécessaires, et, s'il les lui refuse, si la mort vient, ce sera un gain, car ses yeux ne se fermeront sur les misères de la terre que pour se rouvrir éblouis devant les splendeurs du ciel.

Cette fois, c'était au cœur même de la France que les religieuses de Saint-Joseph de Cluny allaient trouver l'emploi de leur infatigable charité. Impatientes de se dévouer, elles n'avaient pas attendu l'investissement de la capitale pour offrir leurs services. A la nouvelle des premiers désastres de nos armées, leur supérieure générale avait proposé au ministre de la marine leur maison mère avec tout le mobilier qu'elle contenait et quarante religieuses pour le service des blessés.

Cette offre si généreuse fut déclinée. Les Sœurs ne se découragèrent point pour cela. Partout les municipalités de Paris cherchaient à créer des ambulances et à les organiser le mieux possible en vue des incertitudes de l'avenir : le couvent, refusé par le ministère de la marine, fut accepté par la commission du quatorzième arrondissement.

En quelques jours, l'ambulance fut installée et le service assuré pour 280 malades.

Cinq grandes salles situées au rez-de-chaussée de l'aile sud furent affectées au service des fiévreux ; le pensionnat fut destiné aux blessés et l'aile nord tout entière réservée à la cuisine, au vestiaire, à la lingerie, aux bains et à la pharmacie. Enfin, les grandes salles des étages supérieurs furent aménagées pour recevoir cent malheureux vieillards que l'invasion avait expulsés de l'hospice d'Ivry.

Le 30 septembre, une voiture d'ambulance s'arrêta à la porte de la rue Méchain. C'étaient les premiers blessés :

ils arrivaient du champ de bataille de l'Hay et de Chevilly. A partir de ce moment jusqu'au 4 juin 1871, l'ambulance ne fut jamais vide un seul jour.

On craignit pourtant pendant quelques heures de la voir fermer. Le maire du quatorzième arrondissement avait été remplacé au commencement du mois de novembre. « Le nouveau magistrat ne se montra point partisan bien zélé d'une œuvre qu'il ne voulut pas connaître et les difficultés commencèrent. Invité plusieurs fois à assister aux réunions de la commission municipale, il n'y vint jamais ; mal éclairé, il adressa à la mairie centrale un rapport dans lequel il demandait la suppression des ambulances municipales (1) » et par conséquent la suppression de l'ambulance Saint-Joseph. Heureusement, le ministre de la guerre apprécia mieux que le nouveau maire les services rendus par les Sœurs et, le 15 novembre, le couvent, requis par l'autorité militaire, devint succursale du Val-de-Grâce dans le huitième secteur.

Lorsque le mouvement insurrectionnel du 18 mars éclata, il y avait encore 15 blessés à l'ambulance. Les Sœurs demeurèrent auprès d'eux et ni les circulaires de l'intendance de la Commune, ni la redoutable cour martiale dont l'Hôtel-de-Ville menaçait toute désobéissance à ses ordres, ne les

empêchèrent de protéger leurs blessés et de dérober ceux qui étaient guéris au service forcé de l'insurrection triomphante.

(1) D^r De la Grandière, p. 5. Le D^r De la Grandière termine ainsi l'opuscule qu'il a consacré à l'ambulance Saint-Joseph : « Les infirmiers devront être dirigés par les Sœurs de charité et je reste convaincu que c'est seulement aux ordres religieux que le service hospitalier doit être confié. Ils sont seuls assez détachés des obligations du monde pour pouvoir consacrer tout leur temps aux blessés et leur courage et leur dévouement ont toujours été à la hauteur de la tâche qu'ils ont eu à remplir. — Enfin, l'habitude que les Sœurs ont de vivre au milieu des malheureux et des malades les rend des auxiliaires fort utiles pour les médecins, et ceux de mes confrères qui ont partagé avec moi le service de l'ambulance ont pu apprécier particulièrement la bienveillance et la charité des Sœurs de Saint-Joseph de Cluny. »

Le couvent des Oiseaux de la rue de Sèvres fut, lui aussi, converti en ambulance. « Vous êtes à votre poste, restez-y, » avait dit le 5 septembre aux religieuses Mgr Surat, leur supérieur ecclésiastique. Elles y restèrent, mais sous le

drapeau blanc à croix rouge à l'ombre duquel de nombreux blessés recouvrèrent grâce à elles la santé.

L'ambulance dont les religieuses avaient offert de supporter tous les frais fut successivement une annexe de l'hôpital du Val-de-Grâce et de celui du Gros-Caillou. Elle était installée dans les grandes classes du pensionnat. Les blessés y étaient entourés de soins si dévoués qu'ils ne savaient comment en manifester leur reconnaissance. « Après avoir vu les couvents, disait l'un d'eux que de mauvaises lectures avaient jadis égaré, je ne comprends pas qu'on

puisse leur faire du mal. » Et un autre : « Il n'y a que chez les Sœurs qu'on est bien soigné. » C'était devenir injuste à force de reconnaissance, mais cet excès de gratitude lui-même ne disait-il pas bien éloquemment la charité des Sœurs qui l'avaient provoqué?

Cette charité ne se borna point aux malades recueillis dans la maison même. La maison de campagne d'Issy avait dû être abandonnée. Immédiatement occupée par le génie, on en avait fait une redoute : les arbres avaient été coupés, les murs crénelés, la maison percée de meurtrières. Puis la garnison était venue, des soldats de la ligne d'abord, des mobiles ensuite. Le couvent des Oiseaux leur envoya à tous des couvertures.

Comme leurs sœurs de la rue de Sèvres, les religieuses de l'Abbaye-aux-Bois mirent leur maison à la disposition des autorités militaires. Mobiles, marins, soldats de la ligne s'y succédèrent pendant toute la durée du siège.

Les Filles de la Charité étaient naturellement désignées pour veiller au chevet des soldats tombés sous nos remparts. En même temps qu'elles installaient chez elles un véritable hôpital, le comité des ambulances de la presse faisait appel à leur dévouement. « La religieuse, disait à la fin de la guerre ce comité dans le compte rendu de ses travaux, la religieuse, dégagée de toutes les préoccupations de la vie, n'a qu'un but et qu'une pensée : c'est d'atteindre l'idéal qui remplit son âme : le dévouement et le sacrifice. Pour toutes ces raisons, les Sœurs furent préférées aux femmes du monde. Rien ne les arrête, rien ne leur répugne; elles entourent les blessés de leur pieuse et intelligente sollicitude.

» Étrangères à tous les événements, elles n'ont qu'un mobile : la charité ; qu'un but : le soulagement et la consolation. Aussi, avons-nous peine à comprendre l'opposition systématique de quelques esprits forts qui se sont crus autorisés à les repousser. »

Les Sœurs de la Miséricorde, les Dames de l'Adoration perpétuelle, les Carmélites, les Ursulines, les Religieuses du Saint-Sacrement s'employèrent auprès des blessés avec la même abnégation que les Filles de la Charité. Il serait trop long d'énumérer toutes les congrégations qui les imitèrent. Un simple coup d'œil jeté sur la liste des maisons religieuses, qui, dans un *seul* quartier de Paris, fondèrent ou entretinrent des ambulances, suffira pour donner une idée de la charité des Sœurs. Il n'est pas de plus touchant catalogue que cette liste :

  Les Petites Sœurs des Pauvres ;
  Les Dames du Sacré-Cœur ;
  Les Dames de la Retraite ;
  Les Dames Auxiliatrices ;
  Les Dames de la Mère de Dieu ;
  Les Dames du Bon-Secours ;
  Les Sœurs de Saint-André ;
  Les Sœurs de la Croix ;
  Les Dames Bénédictines ;
  Les Dames de Saint-Thomas de Villeneuve ;
  Les Dames de la Visitation ;
  Les Dames Augustines ;
  Les Religieuses de Notre-Dame de Sion.

II

En province, qui donc pourra dire ce que les religieuses firent pour nos soldats ! Personne assurément, car, pour le savoir, il faudrait aller frapper à la porte de tous les monastères et demander communication du livre d'or où sont inscrits les dévouements des membres de la congrégation. Or, ce livre, on ne le communique pas. Dieu a pris note au ciel des actions de chacune de ses filles ; la communauté a voulu garder le souvenir de quelques sacrifices plus héroïques que les autres pour servir de stimulant et de modèle à celles qui deviendront plus tard les servantes des pauvres. Cela suffit : le monde n'a pas le droit de savoir jusqu'à quel point on s'est sacrifié pour lui. Qu'il passe et qu'il ne revienne heurter à la porte de ces saintes maisons que lorsque, de nouveau, il aura besoin de dévouements obscurs et d'immolations cachées. Alors, mais alors seulement, les portes se rouvriront devant lui !

Si l'on veut cependant avoir la preuve que les couvents de la province firent autant pour nos blessés que les couvents de Paris, qu'on lise cette réponse indignée d'un grand évêque à un journal allemand, car en disant ce qui s'était fait à Orléans, Mgr Dupanloup nous a laissé deviner ce qui s'était fait ailleurs.

« Ce qui est vrai, c'est que quatre cents religieuses ont été et sont encore occupées à soigner vos blessés comme les nôtres. Je les ai mises à la disposition des autorités militaires pour vos propres ambulances, là où l'on a voulu. Les religieuses de la Visitation ont reçu à la fois jusqu'à deux cents blessés. Elles se sont démunies pour eux de tout, de leurs propres lits, de leurs couvertures, couchant, elles, sur la paille.

» Elles les ont veillés le jour et la nuit.

» Il y en a qui, par ces fatigues, sont mortes, et la supérieure a été deux fois aux portes du tombeau.

» Au Sacré-Cœur, il y a encore, à l'heure qu'il est, près de deux cents blessés. Nos religieuses du monastère de la Charité, si pauvres, que depuis quatre mois elles sont obligées de prendre pour elles et pour leurs orphelines le pain à crédit, elles en ont eu jusqu'à cent quatre-vingts...

» Je ne nomme pas les Sœurs de la Sagesse, nos Sœurs garde-malades, les Petites Sœurs des Pauvres, les Ursulines, ni les Carmélites, dont les supérieures sont mortes par suite des maladies contagieuses de leurs blessés (1). »

---

(1) Lettre de Mgr Dupanloup à la *Gazette de Silésie*.

III

Certes, l'ardente charité des religieuses trouva surabondamment à s'employer.

La foule des nombreux blessés qui chaque jour tombaient sur le champ de bataille, s'était promptement grossie des infortunés, plus nombreux encore, que les privations et les fatigues renversaient à chaque heure sur toutes les grandes routes de la France. Les malheureux! soit qu'ils eussent passé sur la Loire ces terribles nuits de bivouac, pendant lesquelles le vin se gelait dans la gourde, soit qu'à l'aube leurs longues et noires

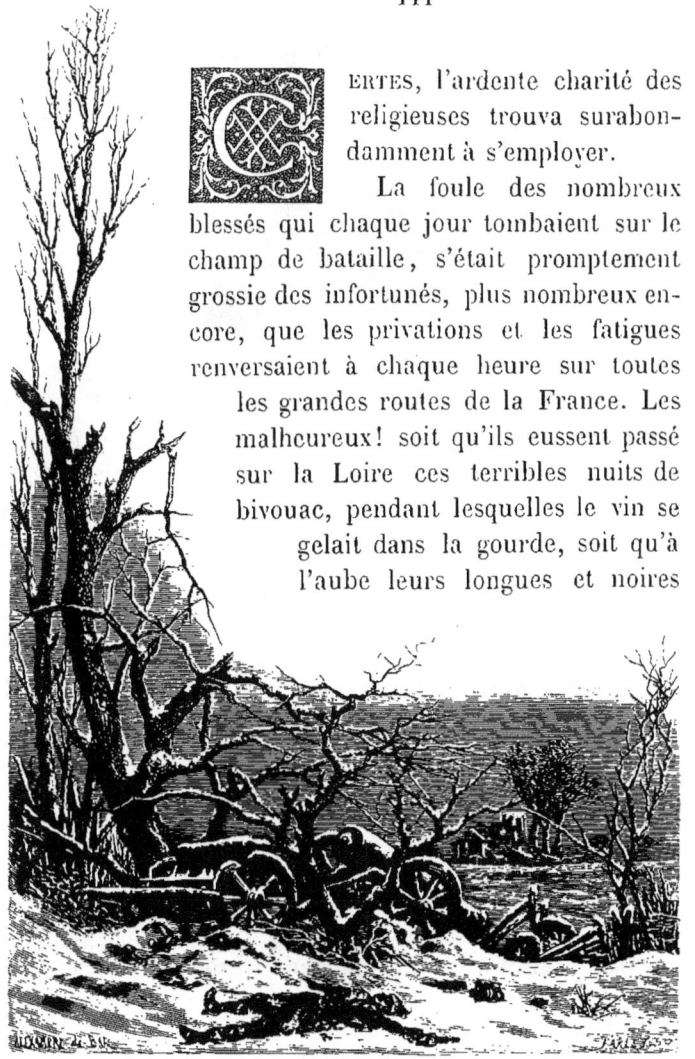

spirales se remissent en mouvement et se déroulassent au loin sur les plaines de la Picardie ou de la Flandre, ensevelies sous un immense linceul de neige, c'était toujours les vêtements en lambeaux, sans chaussures, et la fièvre pour compagne, qu'on les rencontrait! Car, au rapport d'un député, témoin oculaire de leur misère, « ces soldats, qui devaient marcher et se battre dans la

neige et la boue, bivouaquer par des froids de 6 degrés, faire des étapes de douze heures dans les plaines détrempées, où l'on enfonçait jusqu'aux genoux, avaient des chaussures qui se décomposaient au bout d'une heure et des uniformes faits avec cette étoffe sans nom qui n'était pas un vêtement (1).

» Les vareuses et les pantalons étaient d'une étoffe qu'on n'aurait pas trouvée dans le commerce avant la guerre. Ce n'était ni du drap, ni de la flanelle, mais une sorte de tissu de laine fortement apprêté. A la pluie, l'apprêt s'en allait, l'étoffe se rapetissait et au bout de quelques jours les hommes se trouvaient avec des vareuses et des pantalons informes. Cette étoffe n'avait du drap que le nom, et elle eût été assurément mieux caractérisée, si on lui eût donné le nom d'amadou (2). »

Des souffrances, des infirmités souvent incurables,

---

(1) Rapport de M. de Pioger, sur la campagne du Nord, p. 27.
(2) Déposition du capitaine Chesneau.

ajoute le rapport parlementaire que nous venons de citer (p. 88), furent la conséquence d'un pareil équipement. C'est à leur soulagement que les Sœurs de charité se consacrèrent sans trêve ni repos pendant plus de dix mois.

La plupart avaient d'ailleurs dans leur histoire de quoi leur prêcher ce genre particulier de dévouement et d'abnégation.

Lorsque vers la fin du premier empire la main de Dieu se fut appesantie sur le redoutable conquérant qui, durant dix ans, avait fait trembler l'Europe, les Sœurs de Sainte-Chrétienne, au péril de leur vie, soignèrent nos soldats revenant de Russie et décimés par le typhus.

En 1870, devant les mêmes douleurs, elles retrouvèrent la même charité. Huit cents d'entre elles étaient échelonnées de Wœrth à Paris, sur les deux lignes de l'Est et des Ardennes. Elles se transformèrent en infirmières, organisant des ambulances dans plus de soixante de leurs maisons et se prodiguant au service des blessés, non seulement chez elles, mais aussi en dehors.

A Metz, en particulier, et dans les dix-huit maisons que leur congrégation possédait en Lorraine, elles exposèrent plus de vingt fois leur vie. Pendant le blocus, cent cinquante-six d'entre elles desservirent quatorze ambulances contenant quinze cents lits. Cinq de leurs maisons furent détruites par le bombardement. D'autres, à peine achevées, comme à Longwy, par exemple, devinrent des ambulances et reçurent pour premiers hôtes des blessés. A Beaumont, la maison est percée à jour par les balles ; mais on n'en continue pas moins à soigner ceux qu'on est allé ramasser sous le feu même de l'ennemi. A Bazeilles, l'incendie n'interrompt que quelques jours un si héroïque dévoûment. A Mézières, la maison transformée en ambulance est vaste et neuve. Tout à coup l'ennemi prend ses murs blancs pour cible, et bientôt les obus éclatent à droite, à gauche. Partout les murs s'écroulent, les toits s'effondrent, un commencement d'incendie se déclare, mais les blessés sont saufs ; les religieuses les ont transportés dans les caves, et, faisant un miracle pour tant de charité, la Providence les a tous sauvés !

Les Sœurs de Saint-Charles de Nancy ne se contentent pas de soigner les blessés. Leur ville est occupée, l'accès de l'Allemagne leur est plus facile, elles en profitent et vont jusqu'en Prusse porter des vêtements aux prisonniers.

Les Dominicaines cloîtrées de Langres transforment leurs parloirs et les plus vastes de leurs salles en réfectoires pour les troupes de passage. Dix-huit Sœurs apprêtent et servent les repas. A certains jours, les convives, au nombre de plusieurs centaines, se succèdent sans relâche de cinq heures du matin à neuf heures du soir. Pendant ce temps les religieuses qui ne sont pas occupées à ce service travaillent toute la journée à faire des cartouches.

A Bordeaux, grâce au zèle et à l'ardente charité de Son Éminence le cardinal Donnet, les ambulances se multiplient. Les Sœurs de la Doctrine chrétienne, les Sœurs de

S. E. le cardinal Donnet.

la réunion au Sacré-Cœur, celles de l'Immaculée-Conception, celles de la Sainte-Agonie, les Carmélites et vingt autres congrégations se prodiguent au chevet des malades et des blessés.

Les Sœurs du Bon-Secours de Troyes desservent quarante ambulances; celles de la Présentation de Tours quatre-vingt-quatorze. A Château-Gontier, les Hospitalières de la Miséricorde donnent aux varioleux leur réfectoire, leur chapelle et jusqu'à leurs cellules, et elles vont coucher sur la paille dans un des greniers de la maison.

Mais ce n'est point sans s'exposer à toutes sortes de dangers que les religieuses se dévouèrent ainsi. Elles affrontèrent la mort, et elles l'affrontèrent sous toutes ses formes, qu'elle se présentât sur le champ de bataille, entourée de cette auréole de gloire qui en peut faire parfois oublier les horreurs, ou qu'elle se complût en quelque sorte à leur apparaître sous son aspect le plus repoussant et dans toute son effrayante nudité, assise au chevet des varioleux qu'elle allait emporter bientôt.

Partout les Sœurs la bravèrent, mais nulle part pourtant elles ne lui arrachèrent plus de victimes que dans cette espèce de lutte corps à corps dans l'hôpital. Dieu payait ainsi leur héroïsme, car il en fallait véritablement pour se renfermer dans ces ambulances volantes, dans ces baraquements élevés à la hâte, où d'infortunés soldats gisaient sous les étreintes de cette horrible maladie qui, avant de tuer l'homme, le défigure si épouvantablement. Qui a vu une fois

ces longues rangées de varioleux, la tête démesurément enflée, l'œil hagard, ne saurait oublier jamais un pareil spectacle. C'est là pourtant que les Sœurs vivaient ! Il est vrai qu'elles y mouraient aussi !

Mais que leur importait ? Comme la Sœur Rosalie, elles disaient dans leur simplicité sublime : « Une Sœur de charité, c'est une vitre. Elle abrite quelques instants contre le froid. Se brise-t-elle ? On en met une nouvelle et rien n'est changé ! »

La petite vérole décimait certains régiments. On résolut de concentrer autant que possible les soldats atteints par cette cruelle maladie dans l'hôpital de Bicêtre que dirigeaient les Sœurs de charité.

Au bout d'une semaine, onze de ces héroïques religieuses avaient payé de leur vie leur saint dévouement. — Dieu les avait récompensées ; mais il fallait les remplacer au plus tôt.

La supérieure générale convoqua ses filles :

« Nos sœurs sont mortes, dit-elle, il faut aller les remplacer. — Que celles d'entre vous qui sont prêtes à mourir s'avancent, car je ne veux pour ce service que des volontaires. »

Trente-deux religieuses s'avancèrent et il fallut choisir parmi elles celles qui les premières iraient affronter la terrible maladie.

A la fin du siège, 47 Sœurs de charité étaient allées cueillir au ciel la palme de la victoire. Elles étaient toutes mortes en soignant leurs malades.

A Metz, le 2 octobre 1870, 22 autres Sœurs dont plusieurs avaient quitté pour entrer en religion une brillante fortune, étaient déjà tombées, frappées par la mort au chevet des blessés.

La Sœur Saint-Héliodore à Clamecy, la Sœur Louise à Neuvy, la supérieure des Petites Sœurs des Pauvres à Paris, quatre Sœurs de la Visitation du Mans, et une foule d'autres encore furent emportées par le terrible fléau.

A Nevers, pendant six mois consécutifs, nuit et jour, les Sœurs de charité soignèrent 3000 varioleux, sans éprouver un seul moment de défaillance.

A Sedan, les victimes s'entassaient, les hommes mouraient, et l'épouvante était telle que les infirmiers désertaient. Immédiatement, les Sœurs de l'Espérance s'offrirent à s'enfermer dans ce foyer contagieux. L'une d'elles, Sœur Saint-Hippolyte, ne quitta l'hôpital qu'après le départ de tous les malades.

Mais, à ce moment même, dans une autre ambulance venait de se déclarer une hideuse maladie, la petite vérole noire.

La Sœur Saint-Hippolyte, exténuée par sa première station au milieu des malades, sollicita comme une grâce d'aller soigner ces nouveaux pestiférés.

« Il est, dit-elle à la supérieure, une place que j'ambitionne et que vous ne me refuserez pas. De grâce, permettez-moi d'aller à l'ambulance du Pont de Maugis.

— Partez, ma fille, » lui répond la supérieure en la bénissant.

Elle partit, allant à la mort le sourire aux lèvres. Jusqu'à la dernière minute, elle resta dans ce foyer de pestilences mortelles.

A quelque temps de là, Sœur Saint-Hyppolyte se trouvait à Blois ; elle fut invitée à se rendre à l'évêché. Elle y trouva le chapitre assemblé et l'évêque lui remit solennellement un brevet d'honneur qui lui était adressé par le Président de la République (1).

(1) H. Rouy, *Sedan pendant la guerre et l'occupation.*

A Neuvy, sur la Loire, la variole bleue, la fièvre typhoïde et le typhus faisaient tant de ravages parmi nos troupes que, là aussi, les infirmiers militaires, préférant tomber sous une balle en face des Prussiens, refusaient presque le service.

Le chirurgien-major lui-même était contraint, lorsqu'il faisait sa visite aux varioleux, de sortir de la salle jusqu'à dix fois, pour aller respirer un peu d'air pur et s'arracher à une douloureuse suffocation.

Seule, une Sœur restait jour et nuit dans cette atmosphère empestée.

Cette Sœur s'appelait la Sœur Léocadie, et son dévouement fut à tel point héroïque, que l'armée la vit mettre à son ordre du jour, dans les termes suivants :

« La Sœur Léocadie Labatut, Sœur de Charité de Nevers, est mise à l'ordre du jour de l'armée.

» Par cette distinction, le général ne prétend pas récompenser la Sœur Léocadie Labatut, dont la conduite est au-dessus de toute récompense ; il veut seulement remercier, au nom de l'armée qu'il commande, la femme qui, depuis un mois, expose chaque jour sa vie pour soigner nos malades et nos blessés.

» Neuvy, le 7 janvier 1871. »

L'aide de camp qui vint remettre à la Sœur de Charité copie de cet ordre du jour, la trouva dans la salle des varioleux. Il eut à peine mis le pied dans cette salle, que, suffoqué par les exhalaisons fétides des malades, il dut sortir en toute hâte pour ne pas tomber à la renverse.

La Sœur Léocadie continua à donner ses soins aux soldats et, comme le capitaine sur son vaisseau au moment du naufrage, elle quitta l'ambulance la dernière, lorsqu'il n'y eut plus de malades à y soigner, plus de danger à y courir.

IV

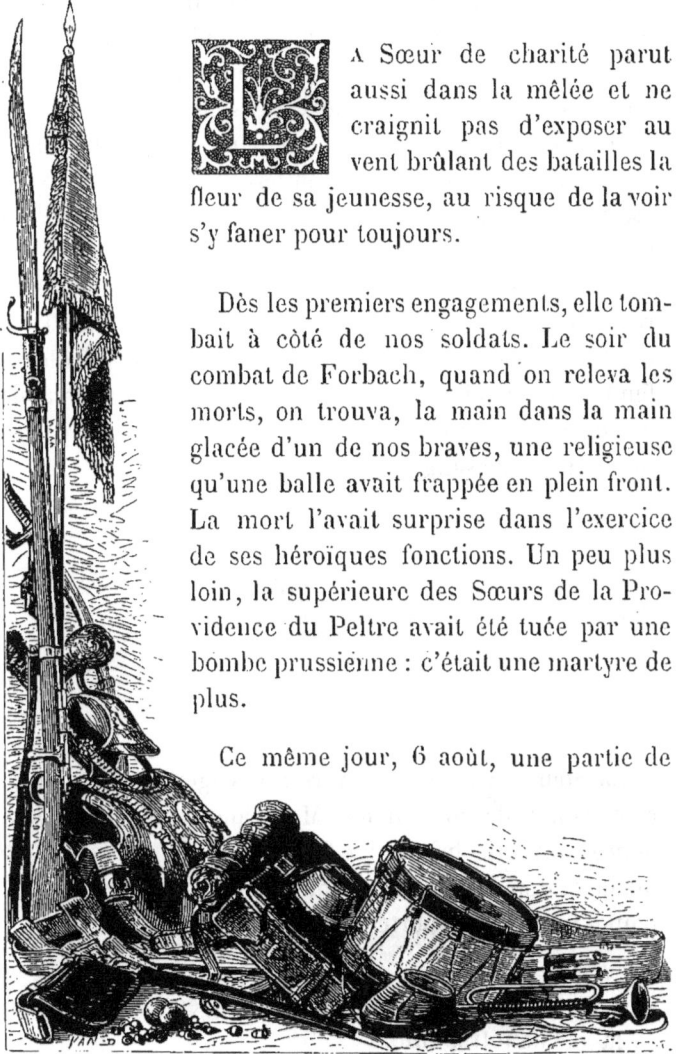

La Sœur de charité parut aussi dans la mêlée et ne craignit pas d'exposer au vent brûlant des batailles la fleur de sa jeunesse, au risque de la voir s'y faner pour toujours.

Dès les premiers engagements, elle tombait à côté de nos soldats. Le soir du combat de Forbach, quand on releva les morts, on trouva, la main dans la main glacée d'un de nos braves, une religieuse qu'une balle avait frappée en plein front. La mort l'avait surprise dans l'exercice de ses héroïques fonctions. Un peu plus loin, la supérieure des Sœurs de la Providence du Peltre avait été tuée par une bombe prussienne : c'était une martyre de plus.

Ce même jour, 6 août, une partie de

l'armée de Mac-Mahon était en retraite : l'autre était restée dans les champs de Reichshoffen pour ne se plus relever jamais. Au milieu d'un flot de soldats de toutes armes, les pièces d'artillerie passaient en bondissant sur la route défoncée. La cavalerie fendait la foule des fuyards. — Des chevaux sans cavaliers suivaient affolés, piétinant les fantassins et se heurtant aux caissons. — Dans ce tumulte était emportée une religieuse, jeune et timide ; elle avait passé sa journée entière à soigner les blessés et, dans cette retraite, elle était accablée de fatigue et de terreurs.

Mais elle surmontait sa fatigue aussi bien que ses terreurs, pour rester quand même fidèle à la charité. Tout à coup, au milieu du sifflement des boulets et des balles qui fendent l'air, elle entend derrière elle un cri d'angoisse déchirant. C'est un soldat qu'un éclat d'obus vient de jeter tout couvert de sang sur la terre.

La Sœur de charité va vers lui, s'agenouille et cherche à le panser de son mieux. Mais tandis que de sa bonne douce voix elle lui dit : « Courage », elle s'affaisse elle-même et demeure étendue dans une mare de sang. Un boulet lui avait emporté les deux jambes.

Pendant toute la campagne les religieuses firent preuve de la même intrépidité.

« J'étais blessé à Gravelotte, rapporte un vieux sergent-major, au milieu de soldats morts et de malheureux expirants... Je me demandais si j'allais mourir comme tant d'autres... quand à quelques pas de moi j'aperçus penchée sur la terre humide de sang une religieuse...

» Elle était agenouillée auprès d'un blessé, qu'elle pansait en lui adressant des paroles de consolations et d'espérance.

» J'allais l'appeler à mi-voix, quand tout à coup je vois un uhlan arriver au galop de son cheval... De la main gauche il tenait une lance, de l'autre un sabre nu.

» Quand il fut tout près de la sœur il lui adressa dans un français tudesque des paroles menaçantes.

» La sainte femme se redressa, et s'appuyant de la main sur l'arçon de la selle, montra le blessé :

« Vous le voyez, dit-elle, je soigne cet infortuné. »

» Le uhlan fit reculer son cheval comme s'il eût craint d'être arrêté par cette femme, et faisant tournoyer son sabre, il abattit d'un seul coup le poignet droit de la malheureuse.

» La martyre poussa un gémissement et tomba sur le sol auprès du blessé...

» Je m'évanouis... Qu'est devenue la sainte mutilée ?... Je l'ignore (1). »

(1) *Les Sœurs de charité*, par E. M. de Lyden, p. 136.

V

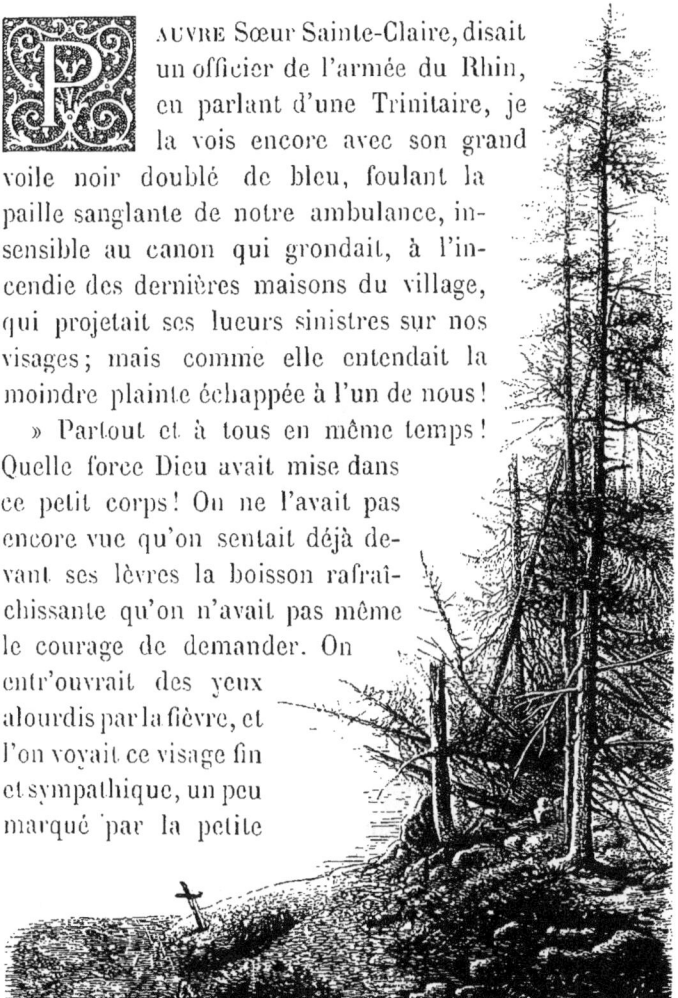

PAUVRE Sœur Sainte-Claire, disait un officier de l'armée du Rhin, en parlant d'une Trinitaire, je la vois encore avec son grand voile noir doublé de bleu, foulant la paille sanglante de notre ambulance, insensible au canon qui grondait, à l'incendie des dernières maisons du village, qui projetait ses lueurs sinistres sur nos visages; mais comme elle entendait la moindre plainte échappée à l'un de nous!

» Partout et à tous en même temps! Quelle force Dieu avait mise dans ce petit corps! On ne l'avait pas encore vue qu'on sentait déjà devant ses lèvres la boisson rafraîchissante qu'on n'avait pas même le courage de demander. On entr'ouvrait des yeux alourdis par la fièvre, et l'on voyait ce visage fin et sympathique, un peu marqué par la petite vérole, mais si souriant, si tranquille, si résolu en même temps, qu'on oubliait et sa souffrance et les Prussiens dont la fusillade éclatait à quelques pas, et l'incendie qui menaçait à chaque instant de dévorer la grange qui nous servait d'asile. Bonne Sœur, devant Dieu où vous êtes maintenant, victime volontaire de votre cœur et de votre foi, vous devez entendre les prières et les actions de grâce de ceux qui, vivants, se souviendront éternellement de vous, ou qui, morts, vous ont dû de s'endormir du sommeil éternel avec calme et avec espérance!

» C'était le 16 août 1870, le soir d'une de ces batailles que l'histoire aura à enregistrer comme une des plus sanglantes; les blessés arrivaient en foule. On déposait dans une grange de Rezonville tous ceux que l'intensité de leurs souffrances empêchait de transporter plus loin; les premiers bras que l'on voyait tendus vers soi, c'étaient ceux de cette petite femme noire, le sourire aux lèvres, les larmes dans les yeux; à deux pas du champ de bataille et de l'énervement de la lutte, à deux pas de la place boueuse et sanglante où l'on avait cru mourir comme tant d'autres, quel soulagement immédiat que celui de cette charité qui panse à la fois et vos blessures et surtout votre anéantissement moral!

» Pauvre Sœur, pour puiser l'eau que cinquante voix

déchirantes réclamaient à chaque instant, il fallait aller sous la mitraille, et toutes les cinq minutes vous sortiez avec vos deux bidons et vous rentriez toujours aussi sereine, toujours aussi tranquille.

» Le lendemain, notre armée si vaillante, qui venait pendant quinze heures de lutter contre des forces triples, après avoir couché sur le champ de bataille, se repliait sur Metz. On évacuait toutes les ambulances à la hâte, car l'armée prussienne, qui n'avait pu entamer nos positions de la veille, nous suivait pas à pas. Les blessés, enlevés précipitamment, s'encombraient dans les fourgons et sur les cacolets.

» Que de cris, que de douleurs, que de souffrances, et vous qui depuis quarante-huit heures n'aviez pas eu une seconde de repos, vous alliez, ma Sœur, d'un bout à l'autre de cette sinistre colonne, apportant à l'un une goutte d'eau, à l'autre une bonne parole, soulevant de vos petits bras cette tête qui s'inclinait, replaçant dans une position moins pénible l'amputé de la veille, et ne partant que sur le dernier cacolet.

» Hélas ! une demi-lieue plus loin, une balle vous frappait

soutenant encore contre votre poitrine le blessé placé de l'autre côté, un escadron de uhlans coupait notre ambulance et nous faisait tous prisonniers.

» Pauvre Sœur, c'est par nos ennemis qu'a été creusée la fosse où vous dormez maintenant, au milieu de ceux auxquels vous avez prodigué les trésors de votre âme; et, de ceux qui survivent, aucun, probablement, ne saura jamais quelle était cette petite Trinitaire, qui avait nom en Dieu Sœur Sainte-Claire, ce rêve de charité entrevu au milieu d'une longue nuit d'agonie.

» Vous reposez obscurément dans un sillon perdu de la Lorraine, mais votre souvenir restera vivant jusqu'au dernier jour dans tous les cœurs que vous avez soulagés ! »

Les Sœurs de l'hôpital de Péronne se distinguèrent entre toutes. L'ennemi bombardait la ville avec fureur. Prenant pour point de mire la grande tour gothique de l'église de Saint-Jean, ils la criblaient d'obus. La charpente qui soutenait les cloches fut bientôt en feu, et l'incendie gagna rapidement l'église elle-même. Alors les Prussiens dirigèrent leurs boulets vers un autre point. Sur l'hôpital flottait le drapeau d'ambulance : l'hôpital fut bombardé. En un clin d'œil l'embrasement devint général. Il s'ensuivit un effroyable tumulte. Dans les salles remplies de fumée et où quelques éclats d'obus avaient pénétré, les malades qui le peuvent encore s'enfuient, mais il en est, amputés de la veille, sont cloués sur leur lit. Que vont-ils devenir? Seront-ils la proie des flammes? Non ; les sœurs de Charité sont là ; elles les prennent et malgré une pluie de projectiles,

les portent sur des matelas jusque dans une grande caserne mieux abritée contre le feu de l'ennemi.

Le bombardement de Châteaudun fut l'occasion de nouveaux prodiges de courage. A dix heures du matin, plus de trente boulets étaient déjà tombés sur la maison des Sœurs. La toiture s'était effondrée en partie; à côté du couvent

plusieurs maisons brûlaient. Mais la supérieure n'avait rien perdu de son intrépidité, et placée dans une des chambres hautes où elle avait fait monter de l'eau, elle surveillait le côté en danger pour surprendre tout commencement d'incendie et y porter remède sans retard.

Tout le jour il fallut subir la canonnade des Prussiens.

A huit heures du soir on heurte à la porte du couvent. Il y a dans une ruelle des environs un blessé qui réclame le secours des Sœurs. La supérieure quitte aussitôt sa maison et, accompagnée d'une de ses filles, vole à travers l'obscurité au secours du malheureux soldat. Mais une heure plus tard, lorsqu'elle veut regagner sa cellule, elle trouve toutes les issues gardées par l'ennemi, et force lui est de rester dehors.

Pendant trois heures les boulets tombent autour des vaillantes femmes sans les effrayer. Elles prient pour ceux qui combattent et pour ceux qui meurent. Enfin, en passant par-dessus deux murs elles parviennent à pénétrer dans une petite cabane qui fait face à leur maison. Elles sont sauvées, il n'y a plus que la rue à traverser. Mais, quand elles ouvrent la porte elles trouvent des sentinelles partout et aperçoivent cinq soldats qui frappent à coups redoublés à la porte du couvent. Il faut attendre encore. Les soldats passent et elles se décident à traverser la rue.

« *Wer da,* » crie aussitôt une voix, et, l'obscurité s'illuminant un instant, vingt coups de feu se font entendre.

Mais la supérieure est réunie à ses filles. Au milieu de cette nuit affreuse, au milieu des flammes, au milieu des hourrahs sauvages des Prussiens et des cris de détresse des malheureux incendiés, elle les rassure, elle les console, elle leur parle du ciel. A l'aube elle voit fusiller sur l'ordre d'un major qui assiste impassible et les deux mains derrière le dos, à la sinistre exécution, un jeune homme que les Allemands prennent pour un franc-tireur et auquel elle ne peut pas porter secours. Un autre infortuné, un enfant entre les bras, va subir le même sort. Pauvre enfant ! Il pleure, sans se douter pourtant que la mort est là. Mais ses cris parviennent jusqu'à l'intrépide religieuse. Elle se précipite au-devant des victimes, leur fait au péril de sa vie un rempart de son corps et les fusils s'abaissent : fusiller du même coup un innocent, un enfant et une femme, c'en est trop, et les Prussiens s'éloignent vaincus par l'héroïsme d'une Sœur !

Un officier racontait au général Ambert qu'il avait rencontré du côté de Châlons, marchant vers Paris, une religieuse et un soldat. « Celui-ci était aveugle par suite d'une blessure à la tête. Les Prussiens l'avaient abandonné sur la route et ses camarades, conduits en captivité, n'avaient pu le secourir. Les portes s'étaient fermées devant le soldat mutilé, et le malheureux, couvert de l'uniforme français, avait dû mendier un morceau de pain pour vivre, un peu de paille pour dormir.

» Il serait mort au carrefour du chemin, sans la Sœur de charité.

» Le mérite de la pauvre fille fut grand cette fois, car le soldat était ce qu'à l'armée on nomme *une pratique*. Au terme d'une carrière fort orageuse, passée en Afrique aux compagnies de discipline, le soldat n'avait aucun parent et ne possédait aucun bien. D'un caractère violent, d'une humeur difficile, il semblait repousser toutes les sympathies.

» La Sœur de charité prit cet homme par la main pour le conduire aux Invalides, où, disait-elle, il trouverait un asile.

» Tous deux marchaient à pied le long du chemin, lui, sombre et silencieux, elle, soutenue par la charité. La Sœur demandait des secours pour son soldat ; elle le nourrissait de la meilleure part et se faisait la servante de ce pauvre.

» Les étapes succédaient aux étapes ; on marchait sous la pluie et dans la neige ; on se contentait de peu, on souffrait, et le soldat se plaignait souvent. La Sœur lui rendait le courage en le faisant rougir de sa faiblesse.

» Peu à peu elle lui parla de Dieu, elle lui parla d'une autre vie, et cet homme se prit à écouter...

» Alors la Sœur le fit agenouiller.

» Vous eussiez vu sur cette grande route cet homme bronzé par la guerre, endurci par les excès, sans croyances, sans foi et presque sans pensées. Il était là, le front levé vers le ciel qu'il ne voyait plus, les mains jointes, son bâton et son képi dans la poussière près de son sac, et, debout devant lui, la Sœur de charité lui faisait répéter sa première prière; le vétéran disait : « Notre Père qui êtes aux cieux... »

» Deux larmes glissaient sur les joues pâles de la Sœur.

» Elle venait de rendre une âme à Dieu.

» Depuis ce jour la conscience du vieux soldat sortit de son long sommeil. Il comprit l'acte de la Sœur. Remontant de cet acte à celui qui l'avait inspiré, il s'éleva jusqu'à Dieu.

» Une nuit, le soldat dormait sur la paille d'une grange, tandis que la Sœur avait été recueillie par une gouvernante de curé de campagne. La Sœur passa la nuit en prières.

» Le lendemain ils se remirent en route. La Sœur était pensive et le soldat murmurait une prière. Pour prendre un instant de repos on s'assit au bord d'un fossé.

» Alors la Sœur dit au soldat : « Vos yeux n'ont pas été directement atteints par la blessure. Au milieu de ces ambulances les médecins n'ont pu que cicatriser la plaie de la tête... Je n'ose vous donner un espoir qui n'est peut-être qu'un rêve; mais j'ai formé un projet. Au lieu de vous conduire aux Invalides, je vous mènerai près des meilleurs chirurgiens, chez les meilleurs oculistes de Paris, et je les prierai à genoux de vous donner leurs soins pour l'amour de Dieu, et aussi par patriotisme.

» Si le bon Dieu vous rend la lumière, soyez bon chrétien le reste de votre vie. Me le promettez-vous? »

» Le vétéran tomba à deux genoux. Il resta longtemps prosterné sans prononcer une parole, et tout en pleurs.

» Dieu vit les deux voyageurs et laissa tomber sur eux son regard.

» Dans cette solitude des champs, loin de la demeure des hommes, une pauvre femme faisait la charité.

» Trois mois après, le miracle était accompli.

» Le soldat avait recouvré la vue. La Sœur, rentrée dans l'école, enseigne à lire aux petites filles des paysans (1). »

Et si la congrégation à laquelle elle appartient n'est point reconnue, demain cette Antigone chrétienne sera chassée de son école parce que « son enseignement n'est pas assez français » !

(1) *L'Héroïsme en soutane.*

LIVRE CINQUIÈME

LES ÉLÈVES DES COLLÈGES RELIGIEUX

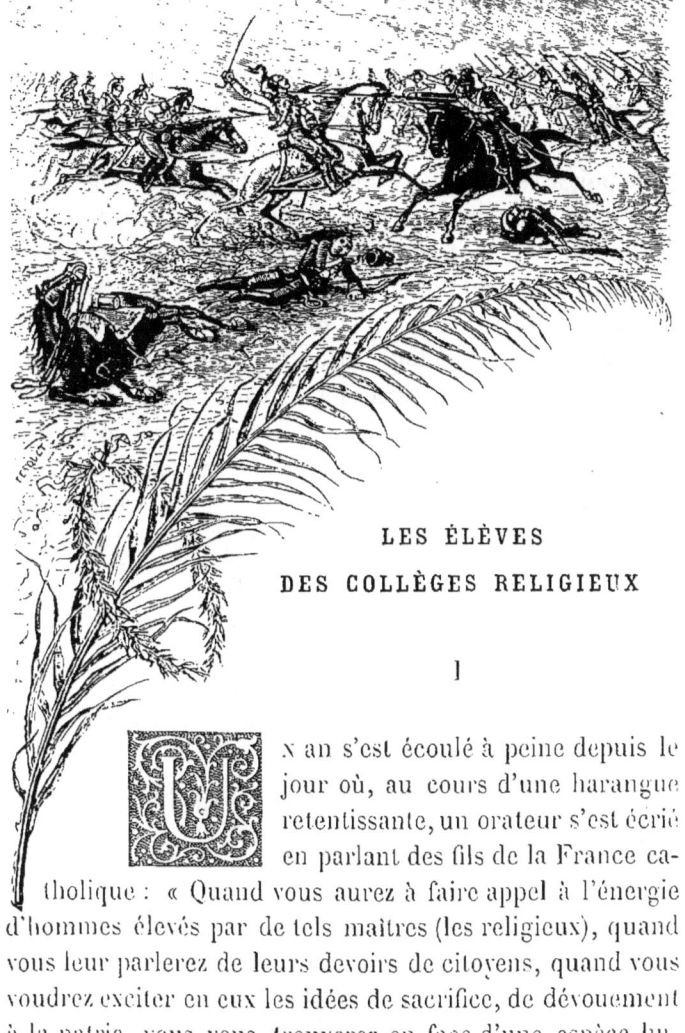

LES ÉLÈVES
DES COLLÈGES RELIGIEUX

I

Un an s'est écoulé à peine depuis le jour où, au cours d'une harangue retentissante, un orateur s'est écrié en parlant des fils de la France catholique : « Quand vous aurez à faire appel à l'énergie d'hommes élevés par de tels maîtres (les religieux), quand vous leur parlerez de leurs devoirs de citoyens, quand vous voudrez exciter en eux les idées de sacrifice, de dévouement à la patrie, vous vous trouverez en face d'une espèce humaine amollie et débilitée. »

Presque au même moment, un vieux et brave soldat disait dans un conseil public (1) :

(1) Conseil général des Vosges

« Dans mon assez longue carrière militaire, j'ai eu sous mes ordres, dans diverses circonstances, de jeunes officiers qui avaient été élevés dans des maisons religieuses et en particulier dans celles dirigées par les RR. PP. Jésuites. Je ne puis assez dire combien j'ai été frappé de l'élévation de leurs sentiments et de leur caractère, de leur respect de la discipline et du devoir, de leur entier dévouement et de leur patriotisme à toute épreuve...

» Depuis cette époque, j'ai pu voir de près ces religieux qui sont sans cesse en butte aux attaques de certains écrits que je ne veux pas qualifier et que vous connaissez comme moi ; j'ai pu voir à l'œuvre ces prêtres que l'on prétend traiter en étrangers, et pour résumer en quelques mots l'impression qu'ils m'ont laissée, je vous déclare que j'aurais la conviction d'adresser à chacun de vous l'éloge le plus complet et le plus flatteur si je lui disais qu'il est aussi Français qu'eux. »

Ici donc, espèce humaine amollie et débilitée.
Là, dévouement entier et patriotisme à toute épreuve.

De ces deux affirmations, quelle est la vraie ?
Les morts eux-mêmes vont répondre.

Il est un livre que nous voudrions voir résumer en quelques pages et tirer à cent mille exemplaires.

Observatoire de l'École Sainte-Geneviève (rue des Postes).

Ce livre s'appelle : *Souvenirs de l'École Sainte-Geneviève* et ne se compose que de brèves notices sur quelques élèves tués à l'ennemi. Mais il révèle tant d'héroïsme qu'il est impossible de ne point être ému jusqu'aux larmes en le lisant, et que, si on le connaissait en France, les maîtres de pareils élèves seraient acclamés par tous, autant qu'ils ont été méconnus et calomniés jusqu'ici.

Oh! c'est que, bon gré mal gré, l'héroïsme parle à un cœur français et le fait palpiter bien fort, et que, nous le répétons, tous les jeunes gens dont ce livre raconte la courte vie et la mort glorieuse étaient de véritables héros !

Ils étaient de naissances diverses et de pays différents, mais ils avaient tous reçu la même éducation, et nobles ou bourgeois, Bretons ou Provençaux, tous ils tombaient sous la mitraille comme tombent des soldats chrétiens.

Peut-être ces lignes passeront-elles sous les yeux du père ou de la mère de quelqu'une de ces généreuses victimes; peut-être, en les parcourant, s'entiront-ils leurs plaies se rouvrir et leurs blessures saigner de nouveau. Mais nous n'hésitons point cependant à nommer ces vaillants qu'une balle prussienne a ravis à la patrie, parce que nous sommes sûrs qu'en les pleurant, leurs familles elles-mêmes seront fières d'eux.

Ils furent si beaux, ces vieux pères qui, ne pouvant plus voler à l'ennemi, y envoyaient leurs fils, après les avoir bénis et leur avoir dit ces simples mots : « Fais ton devoir ! »
« J'adore presque Fernand, écrivait l'un deux, eh bien ! je dirai au bon Dieu de le prendre, si sa mort doit sauver la

France. » L'enfant fut pris, et la France ne fut pas sauvée ; mais, sans doute, ce jour-là les anges préparèrent au ciel deux couronnes, l'une pour le soldat, l'autre pour le vieillard.

Et les mères ! qu'elles furent grandes, elles aussi ! Elles le furent tant, que leur abnégation arrachait des larmes à leurs fils, et que ces héroïques enfants, qui allaient contempler la mort d'un œil sec, ne pouvaient pas regarder une lettre de leur mère sans pleurer !

L'un d'eux, Auguste de Nyvenheim, élève du collège des Jésuites de Toulouse, était sur le point de quitter Paris pour rejoindre l'armée du Rhin. Il court à la maison de la rue de Sèvres, se confesse et, quand il a fini, se jette au cou de son confesseur : « Eh bien ! maintenant, Père, est-ce que je puis mourir ? — Dieu vous en garde, mon ami, répond le religieux ; mais si le danger vous est fatal, mourez sans crainte ; votre âme est prête. — Ah ! que ma mère va être heureuse ; qu'elle va être heureuse quand elle saura que j'ai fait une bonne confession avant le départ ! Figurez-vous, Père, que nous sommes trois enfants, tous les trois militaires, tous les trois à l'armée du Rhin, et ma mère nous écrit des lettres admirables de courage. Tenez, je viens d'en recevoir une aujourd'hui même ; vous allez voir si on peut avoir une telle mère et n'être pas brave ! »

Puis, ouvrant son uniforme, il allait montrer cette précieuse lettre qu'il portait sur son cœur lorsque, se ravisant soudain, il le referma et, avec un accent plein de résolution : « Non, Père, non : cela vaut mieux ; je ne vous la lirai pas ; j'en serais trop ému et je ne veux pas ! »

Quelques jours après, le brillant officier chargeait à la tête de son peloton, à Gravelotte. La moitié du régiment ne revint pas et Auguste de Nyvenheim fut trouvé sur le champ de bataille, frappé d'un coup de lance à la gorge et la jambe traversée d'un coup de feu. A quelques pas de lui, gisait son frère, élève des Jésuites aussi, tué en se portant au secours de l'un de ses camarades démonté et entouré de six cavaliers ennemis. Dans une de ses dernières lettres à leur mère, Auguste de Nyvenheim avait écrit : « Nous ferons notre devoir comme il convient à de bons Français, et, si Dieu veut nous rappeler à lui, la balle qui nous frappera, ne frappera que de bons chrétiens. » Une seule bataille avait en même temps ravi deux enfants à leur mère et donné deux bons chrétiens au ciel !

« Ma tendre mère, écrivait le 26 juillet, une autre victime de Gravelotte, Harold de Lastic, condisciple d'Auguste de Nyvenheim chez les Jésuites, nous avons la fièvre, le cœur est en feu et nous ne vivons plus jusqu'à ce qu'une bonne leçon soit donnée à nos ennemis ; nous jouerions vingt fois notre vie pour assurer la victoire à la France. Il n'y a plus de partis : Vive la France ! Tel est le cri qui s'échappe de toute âme française. Nous voyons tout un peuple mettre en nous sa confiance. Hé bien ! nous combattrons pour la soutenir et pour la justifier... Pour ma part, je pourrai dire que le premier amour de ma vie aura été celui que je connais depuis quelques jours : celui de la patrie ! O ma mère ! quand je pense à toi, je pleure et je vois tous mes camarades en faire autant dès qu'on vient à parler de leur mère ! mais ne pleure pas, toi, ma plus chaude pensée, ne pleure pas ! car je crois que si je meurs, ce sera le cœur plein de généreuses effluves, et Dieu pardonnera les quelques fautes passées... »

Le lieutenant prince de Berghes.

« Mère, vous savez ? J'ai une jambe de moins, s'écrie le jeune prince de Berghes en apercevant sa mère. Ah ! même au prix de l'autre jambe, je n'aurais pas voulu demeurer inactif pendant cette campagne ! » Et, d'un baiser, la mère ratifie silencieusement l'héroïsme de son enfant qui va mourir.

« Enfin, mère, je suis soldat, écrit en arrivant au régiment, Antoine de Vésins, petit-fils du maréchal Oudinot, duc de Reggio... Je mourrai sur le champ de bataille en faisant le signe de la croix... Comme dès aujourd'hui je rêve la poésie de la guerre, les nuits passées à la belle étoile, les fatigues partagées avec le soldat, les bons rires en face du canon... Puis la croix, l'épaulette ! Enfin, mon âme remise à Dieu et mes vingt ans à la France ! »

La guerre vient. « Je crois enfin que nous y voilà, s'écrie de Vésins, le 9 juillet. Mais si le régiment ne partait pas, s'il était condamné à garder les pâturages de la Normandie ! Cette horrible perspective vient parfois nous glacer. Ah ! si un pareil malheur allait nous frapper, je commencerais, en dépit de mes préventions, par supplier tous les généraux de me donner un petit coin dans leur état-major et, si j'échouais, je ne sais de quoi je serais capable. Je crois que je laisserais mes épaulettes et que, malgré mes huit ans de service, j'irais à l'ennemi, le fusil à la main, et gaiement encore ! »

Heureusement le 93e régiment reçut l'ordre de partir. Mais le 6e corps, auquel il appartenait, n'avait pas le poste d'honneur rêvé par le bouillant officier. Il devait former une armée de réserve cantonnée autour de Soissons. Aussi désespoir profond du lieutenant de Vésins :

« Voilà donc comment finit tout ce beau rêve de ma vie. Quand vous lirez dans les journaux les bulletins de victoire de notre armée, le récit des terribles et sanglants combats qu'elle aura livrés à un ennemi digne de nous, pensez que les plus malheureux ne sont pas ceux qui gisent sur le champ de bataille, mutilés ou mourants, mais bien ceux qui regardent cet enivrant spectacle, le sabre au fourreau, et qui, plantés, comme des bornes stupides, à quelques lieues de la frontière, sont condamnés ainsi au plus affreux supplice qu'on puisse infliger à un soldat.

» J'ai reçu toutes vos croix, médailles, scapulaires, chère mère, soyez tranquille, ils ne me quitteront pas. Quant aux aumôniers, je crois qu'il n'y en aura qu'un par division, comme toujours. Je vous dirai le nom du mien ; soyez tranquille à ce sujet. Si je vais à l'ennemi sans avoir préalablement mis mon compte en règle, ce ne sera pas de ma faute. L'autre jour, au Havre, avant le départ, on agitait cette question à table, et j'ai dit que, dussé-je traverser tout le front de bandière du camp pour aller trouver l'aumônier la veille d'une affaire, je le ferais. Vous savez que je n'ai pas deux paroles. Du reste, je ne serai pas le seul, et je me considérerais comme un triste soldat, si je n'agissais de la sorte. »

Les défaites de Reischoffen et de Wissembourg comblèrent bientôt les désirs du vaillant jeune homme en envoyant son régiment à l'ennemi. « Le 8 août, au matin, raconte le général Oudinot, comte Henri de Reggio, son oncle, j'allai le voir à sa compagnie. Nous nous fîmes des adieux provisoires. « Au revoir ! me dit-il. Nous sommes du même corps, nous nous rejoindrons bientôt. » Mais, par un pressentiment que je bénis aujourd'hui, quand vint l'heure à laquelle il devait gagner la gare, je me fis seller un cheval pour aller lui souhaiter une bonne route. Il était tout équipé, prêt à se mettre en marche, son caban en bandoulière, l'air décidé, sans fanfaronnade. Je fus content de le voir ainsi, j'étais fier de son ardeur. Les officiers qui m'accompagnaient me félicitèrent sur son bon air et sa parfaite tenue. Il me remercia de ma démarche. « Allons, bon voyage, lui dis-je, et à bientôt ! — A bientôt, » me répondit-il, avec une dernière pression de mains. »

La semaine suivante, le lieutenant de Vésins était au feu. Il commandait provisoirement sa compagnie. « A huit heures une détonation retentit, c'était le signal du combat (1). Bientôt il était engagé sur toute la ligne. Au premier coup de canon, Antoine avait tendu la main à son sergent-major, en lui disant : « Ce soir j'espère vous compter au nombre des officiers du régiment. » Puis, il s'était élancé au pas gymnastique à la tête de sa compagnie, vers un poste assigné d'avance, la rangeant en bataille sous un effroyable feu d'artillerie. Soudain un obus vint éclater entre lui et son

(1) *Souvenirs de l'École Sainte-Geneviève.*

sergent-fourrier; il ôta son képi avec cette grâce chevaleresque qu'il tenait du maréchal, son grand-père, et s'écria : « Je salue le premier projectile qui me donne le baptême du feu. »

» Quand arriva l'ordre de marcher à l'ennemi, Antoine

Le lieutenant A. de Vésins.

s'avança, la tête haute, le front joyeux : « Lieutenant, crièrent ses hommes, prenez garde, on vous vise. » Mais, lui, souriant au danger et brandissant son sabre, commanda en avant ! A peine eut-il fait quelques pas au milieu de la mitraille, que, frappé d'une balle au côté gauche, il tomba dans les bras de son sergent-major. « Il me regarda, raconte celui-ci, et me dit : « Mon pauvre Morel, j'ai mon compte réglé, je le sens ; abandonnez-moi et surtout vengez-moi. »

Le fourrier était accouru pour porter son lieutenant à l'abri du danger. « Lorsque nous l'eûmes posé à terre, rapporte-t-il à son tour, il nous dit : « Allez reprendre votre place de bataille et veillez à ce que les hommes marchent bien au feu... qu'ils se conduisent en Français, comme si j'étais là.. Cachez-leur ma mort de peur de les décourager. » La compagnie venait de s'arrêter et de commencer une vive fusillade contre les Prussiens. On put donc rester à l'écart, pour donner au pauvre blessé les premiers soins que réclamait son état. Ses habits ouverts permirent d'apercevoir une large blessure : « Laissez-moi là, dit-il, ne perdez pas votre temps à me porter à l'ambulance. Vous direz à ma mère et à mon père, ajouta-t-il en faisant le signe de la croix, que leur fils est mort en soldat et en chrétien. »

Il cherchait à se retourner sur le côté, quand un éclat d'obus vint lui broyer la jambe droite.

« Vous le voyez, dit-il, il faut que ma destinée s'accomplisse. Si ma première blessure n'était pas mortelle, on serait forcé de me faire l'amputation. »

Sur sa demande, on courut emprunter à quelques hommes restés en arrière de l'eau pour étancher sa soif brûlante. Vingt gourdes furent immédiatement tendues, mais à peine eut-il avalé quelques gouttes qu'il vomit le sang avec abondance. Comme il croyait sa mort prochaine, il fit de nouveau le signe de la croix et murmura une prière en regardant le ciel. Sa figure s'illumina d'une joie céleste, quand il l'eut terminée. Le sous-lieutenant Dubosc venait d'être blessé

lui aussi et ses hommes l'emportaient vers l'ambulance sur leurs bras. « Morel, dit alors de Vésins à son sergent-major, je vous donne le commandement. Reprenez vos places ; mais avant de vous éloigner, tournez ma tête du côté du combat, afin que je puisse savoir si nous sommes victorieux. » On plaça la tête du blessé selon son désir sur un havre-sac ;

puis, comme il avait fermé les yeux, les deux sous-officiers s'agenouillèrent afin de voir s'il respirait encore. Antoine les regarda pour les remercier, prononça d'une voix éteinte le nom de sa mère et celui de Dieu et ne fit plus aucun mouvement.

Transporté à Vionville, dans une chaumière, il demanda un prêtre, reçut l'absolution et expira dans la soirée, après avoir prié une dernière fois l'aumônier du 17ᵉ corps d'armée d'écrire à sa mère « qu'il mourait sans crainte et en chrétien ».

II

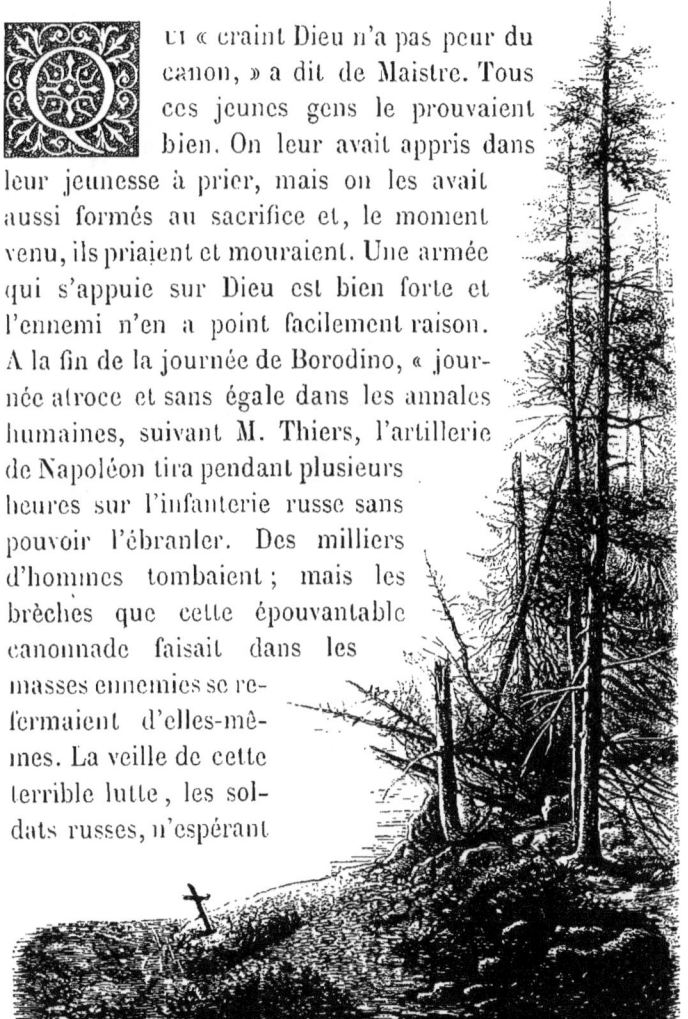

Qui « craint Dieu n'a pas peur du canon, » a dit de Maistre. Tous ces jeunes gens le prouvaient bien. On leur avait appris dans leur jeunesse à prier, mais on les avait aussi formés au sacrifice et, le moment venu, ils priaient et mouraient. Une armée qui s'appuie sur Dieu est bien forte et l'ennemi n'en a point facilement raison. A la fin de la journée de Borodino, « journée atroce et sans égale dans les annales humaines, suivant M. Thiers, l'artillerie de Napoléon tira pendant plusieurs heures sur l'infanterie russe sans pouvoir l'ébranler. Des milliers d'hommes tombaient ; mais les brèches que cette épouvantable canonnade faisait dans les masses ennemies se refermaient d'elles-mêmes. La veille de cette terrible lutte, les soldats russes, n'espérant qu'en Dieu, étaient à genoux, devant une image miraculeuse de la Madone de Smolensk, portée en procession par les prêtres grecs au milieu des bivouacs du camp de Borodino. Les soldats étaient prosternés et le vieux Kutusoff, le chapeau à la main, l'œil qui lui restait baissé jusqu'à

terre, accompagnait, avec son état-major, cette pieuse procession. On la voyait de nos bivouacs à la chute du jour, et on pouvait la suivre à la trace lumineuse des flambeaux (1). » Le lendemain tous ces « capucins », comme les appelaient ironiquement les grenadiers de la grande armée, luttaient en héros.

(1) Thiers, *Histoire du Consulat et de l'Empire*.

La foi n'éteint donc point le courage et qui prie n'est point un trembleur. Au plus fort de la mêlée, pendant la bataille de Forbach, un jeune officier, dont la compagnie déployée en tirailleurs était exposée à une fusillade meurtrière, traça de la pointe de son sabre une croix sur une motte de terre et pria quelques instants. Il y eut autour de lui des sourires. Quinze jours après, c'est en ramenant au feu deux fuyards, deux esprits-forts peut-être, que cet officier, condisciple du lieutenant de Vésins à la rue des Postes, tombait mortellement frappé à Gravelotte.

Le 29 novembre, devant sa compagnie tout entière, un autre élève des Jésuites, Paul Henry, s'agenouille, fait le signe de la croix et récite à haute voix l'acte de contrition. « Mon cher, venait-il de dire à celui de ses amis qui se trouvait à sa droite, nous nous sommes bien confessés. Il faut renouveler notre acte de contrition et offrir notre vie à Dieu. Qui sait ce qui peut arriver ? »

La prière finie, il se releva et s'élança hors de l'enceinte qui le garantissait du feu de l'ennemi.

Ses compagnons, déployés en tirailleurs, avaient soin de s'abriter derrière les troncs d'arbres pour mieux viser. Mais Paul Henry ne songeait pas à prendre tant de précautions. C'est à découvert qu'il chargeait et déchargeait son chassepot. En vain lui criait-on de s'arrêter et de s'abriter, il avançait toujours en répétant : « J'ai mon frère à venger. »
Ce frère, capitaine au 3e zouaves, avait été tué à Reischoffen, en chargeant pour la quatrième ou la cinquième fois les Prussiens à la baïonnette, et c'est pour le venger que Paul-Henry, sans se laisser fléchir par les larmes de sa femme enceinte, s'était engagé dans les tirailleurs de la Gironde.

Quand ce chrétien, plein de vaillance, roula par terre, frappé d'une balle entre les deux yeux, il était si près de l'ennemi qu'un officier bavarois, subjugué par tant de courage, n'eut qu'un pas à faire pour recevoir son dernier soupir. Il était allé rejoindre au ciel celui qu'il voulait venger et un autre de ses frères que Patay venait de voir mourir. Quelques jours plus tard, la douleur tuait le vénérable père de ces braves, désormais réunis pour toujours.

« Mes amis, dit le capitaine d'Épinay, je vous ai appris à combattre en soldats, je vais vous apprendre à mourir en chrétiens... Portez armes ! Présentez armes ! Genou terre !.. »

Puis, après avoir reçu son Dieu en viatique, devant sa compagnie agenouillée : « Maintenant, enfants, debout, en avant, au feu ! »

Que de traits semblables ne pourrait-on point rapporter ! Mais où donc tous ces jeunes gens puisaient-ils un pareil courage? La vie s'ouvrait brillante devant eux; ce n'était donc point par dégoût qu'ils y renonçaient. Aussi simples d'ailleurs que valeureux, ils ne simulaient pas un inutile stoïcisme. Rien n'est touchant comme leurs adieux à leurs

Le capitaine de Laumière.

parents. Écoutez l'un d'eux, Maurice de Laumière, presque un enfant encore, car il avait vingt et un ans à peine :

« Mon cher père, je vais me battre encore demain et peut-être le bonheur providentiel que j'ai eu les autres fois m'abandonnera-t-il. Je ne veux pas vous quitter sans vous dire adieu. Ce sera d'ailleurs pour moi une force nouvelle de penser que mon dernier souvenir vous parviendra, si je succombe, et que vous saurez qu'il a été pour vous... Me voilà capitaine depuis bientôt un mois, deux fois cité à l'ordre, proposé pour la croix ; j'attendais de l'avoir pour vous écrire.

» Comme j'aurais été content de vous la rapporter à la fin de la guerre ! Enfin, tout est peut-être pour le mieux : mourant à ma majorité, j'aurai assez vécu, pour n'en pas abuser.

» Je suis obligé de vous redire encore adieu, et j'ai beau faire, je me prends à pleurer un peu en vous quittant.

» Dites à ma bonne sœur qu'elle ne me regrette pas trop ; je ne veux pas qu'elle soit triste. Si elle se marie, je désire qu'un de ses enfants porte mon nom tout entier ; c'est tout ce que je puis lui léguer...

» J'embrasse tendrement ma mère, en lui demandant pardon de tous les chagrins que je lui ai causés. Adieu. »

Puis il se met en marche avec son régiment : « Je serai tué aujourd'hui, » dit-il à un ami en lui serrant la main, et il s'épargne si peu, malgré ces sombres pressentiments, que Buzenval le voit tomber avec dix balles dans le corps ! C'est en s'élançant au secours de son commandant frappé d'un coup de feu au visage qu'il roule foudroyé par un feu de peloton.

Le devoir, voilà ce qui soutenait ces jeunes officiers ! La croyance à une vie future, voilà ce qui leur faisait accepter la mort en souriant. Pour eux, le drapeau symbolisait le pays sans doute, mais c'était quelque chose de plus encore. Le drapeau flotte sur la patrie, et la patrie, c'est l'autel avec la tombe et le foyer. La vue de ces quelques mètres de soie effiloquée, noircie par la poudre et déchiquetée par la mitraille ne leur rappelait donc point le pays seulement. C'était à leurs yeux comme une seconde croix dont l'aspect, reportant leurs pensées plus haut, leur inspirait pour la mort le mépris dont ils faisaient preuve. — Peut-être aussi devant cette série extraordinaire de malheurs et de contre-temps; devant ces avantages de la veille qui devenaient régulièrement le signal de l'écrasement du lendemain; devant ces victoires de la journée qui finissaient si souvent par la panique du soir et la retraite de la nuit : devant ces capitulations humiliantes qui faisaient saigner tous les cœurs, peut-être avaient-ils compris que le doigt de Dieu était là (1). — Ainsi du haut de certaines ruines, aperçoit-on mieux le ciel. La défaite est un des fruits amers que portent les grandes prévarications nationales ; c'est une expiation et, dans toute grande expiation, il faut du sang : ces jeunes gens le devinaient. Ils se rappelaient que, suivant le mot de Lacordaire, il est des heures où le soldat devient une hostie et, hosties volontaires, ils s'immolaient magnanimement à leur pays. Voilà pourquoi, espoir de la France pendant la paix, ils en furent l'éternel orgueil à l'ennemi.

(1) « Un ensemble de coïncidences malheureuses s'est joint à la faiblesse organique de la France pour déjouer tous ses efforts. Et cet ensemble a été tel, que véritablement, quand on l'envisage, on est tenté de se demander s'il n'y a pas eu là quelque raison supérieure aux causes physiques, une sorte d'expiation de fautes nationales, ou le dur aiguillon pour un relèvement nécessaire. En présence de si prodigieuses infortunes, on ne s'étonne plus que les âmes religieuses aient pu dire : *Digitus Dei est hic.* » (*La Guerre en province*, par Ch. de Freycinet, 351.)

C'était à l'armée de la Loire. Le lieutenant Aubry s'était si magnifiquement conduit dans les précédentes affaires, qu'il avait été proposé deux fois déjà pour la croix,

croix, hélas ! que, seul, son cadavre devait porter dans le cercueil. Le 15 décembre, il avait installé ses trois pièces de canon sur un mamelon, en avant de Vendôme. « Les obus pleuvaient autour de lui sans l'émouvoir, nous dit celui qui a écrit le récit de ce dernier combat (1), un caisson saute, son second cheval est tué, sa capote transpercée, et,

(1) Le R. P. Chauveau, *Souvenirs de l'École Sainte-Geneviève*, t. i.

au milieu de la panique générale, tandis que les mobiles s'enfuient, il encourage ses soldats à tenir ferme. Vers cinq heures, un obus tombe sur un canon, tue roide le pointeur et blesse mortellement Georges à la jambe. On s'empresse autour de lui pour le transporter à l'ambulance; mais il

Le lieutenant Georges Aubry.

déclare qu'il quittera sa batterie le dernier et sur le dernier attelage, et il se fait placer sur un tas de pierres, d'où il peut encore commander le tir.

« Quand il est bien assuré que ses chers canons ne tomberont pas au pouvoir de l'ennemi, il se laisse conduire au hameau du Temple, dans une maison abandonnée.

L'aide-major se présente pour faire un premier pansement. « Avant tout, lui dit-il, allez me chercher un prêtre. » Et ce n'est qu'après avoir rempli ses devoirs de chrétien, qu'il se laisse mettre l'appareil par le médecin. »

Réconcilié avec Dieu, le lieutenant Aubry ne songea plus qu'à consoler sa famille. Il lui écrivit; mais comment lui faire parvenir la lettre? La Providence s'en chargea. A côté de Georges, un officier allemand, le comte de Lütichau, se mourait. « Donnez-moi votre lettre, dit-il à Georges; elle parviendra avec la mienne, soyez-en sûr; car, moi aussi, j'ai à saluer des parents que je ne reverrai plus. » Et ces deux braves soldats qui la veille combattaient l'un contre l'autre, se tendirent une main amie. Georges mourut, comme cet autre jeune homme, le lieutenant Robinet de Cléry, qui, blessé à mort et transporté dans une ferme convertie en ambulance, entend tout à coup le clairon résonner sous la fenêtre, se retourne plein de joie, s'écrie : « C'est une victoire ! » et expire en souriant. La mort, qu'était-ce en effet pour eux, si la France était victorieuse !

« Adieu, mon cher ami, dit au milieu de la fusillade le commandant de Rodellec à son lieutenant, je meurs comme mes frères pour mon pays et frappé en face ! » Une balle en pleine poitrine au combat de Droué.

« Mon pays vaut bien une jambe, murmure Georges Bell, en tombant à Buzenval. Je suis heureux d'avoir souffert cela pour lui. » Mort quelques jours après.

« Chère petite sœur, écrit Léopold Dat, tu peux être sûre que je ne faiblirai pas et que toujours ma pauvre patrie me verra face à face avec l'ennemi : *Etiamsi omnes, ego non.* » Une balle en plein front.

« Soyez forte et courageuse, ma mère, dit Charles de Mons, entré premier à Saint-Cyr au sortir de la rue des Postes. Si je reviens, j'aurai la consolation d'avoir été utile. Si Dieu en dispose autrement, je mourrai sans regrets, heureux d'avoir fait mon devoir. » A Dreux, il se tourne vers ses hommes, « Mes enfants, un souvenir à Dieu et en avant ! » s'élance, et tombe frappé mortellement en murmurant le nom de sa mère.

Au feu, avec quel joyeux entrain ne donnent point tous ces nobles cœurs.

Le 1er septembre, le 4e chasseurs d'Afrique chargeait devant Sedan. Depuis l'aube, l'infanterie française tenait ferme, malgré l'épouvantable canonnade dirigée contre elle. Trois fois, le maréchal Mac-Mahon que l'on avait vu, au milieu de son état-major, payer de sa personne pendant tout le jour, avait lancé contre les masses allemandes nos vaillants et malheureux soldats. Mais trois fois ils avaient été repoussés, et, atteint lui-même par un éclat d'obus, le maréchal venait de passer le commandement en chef au plus ancien divisionnaire, le général Ducrot. — La journée avan-

çait et il fallait à tout prix couvrir le calvaire d'Illy, d'où dépendait le sort de la bataille. Ordre fut donné au général Marguerite de charger l'ennemi avec sa division. Entraîné par ce brillant soldat qu'une mort glorieuse attendait à quelques pas de là, le 4ᵉ chasseurs s'élance en tête de la division, renverse la première ligne qu'il rencontre et la disperse. Mais, arrêté par les feux habilement dirigés de deux régiments prussiens, il se rallie au point de départ, charge de nouveau et de nouveau est arrêté sans que son héroïsme ait d'autre résultat que d'arracher au roi Guillaume lui-même, qui suit d'une hauteur voisine toutes les péripéties du combat, ce cri d'admiration : « Oh! les braves gens ! les braves gens ! »

Au nombre de ces braves gens était le lieutenant de Boisayrault. Au plus fort de la charge, voyant tomber autour de lui plusieurs de ses camarades : « Voilà, avait-il dit en souriant, une belle ouverture de chasse.

— Oui, mais où nous sommes à la fois chasseurs et gibier, » lui avait répondu son maréchal des logis.

Une balle, qui cassa presque aussitôt après la jambe du cheval de M. de Boisayrault, accentua la réflexion un peu sombre, mais bien vraie, du sous-officier.

« Êtes-vous touché, mon lieutenant, cria-t-on au jeune officier entraîné dans la chute de sa monture.

— Non, mais mon cheval a fini son service, il m'en faudrait un autre maintenant. »

Et, avec le plus grand sang-froid, sous une pluie de mitraille, il saute sur un cheval sans maître que son maréchal des logis venait d'arrêter, et il se remet à charger.

La bataille continua. Sans cesse arrêtés par des feux de peloton très nourris, comme l'avait été un mois auparavant à Reischoffen la brigade de fer du général Michel, nos escadrons essayèrent de se reformer derrière l'artillerie d'abord, près du bois de la Garenne ensuite. Mais tous leurs efforts furent impuissants. Les officiers généraux avaient tous été mis hors de combat et le commandement était aux mains du général de Galliffet. « Tant qu'il me restera un chasseur, avait-il dit au général Ducrot, je chargerai. » Pourtant, lorsque, vers le soir, l'ordre arriva une dernière fois de faire une trouée dans les rangs prussiens et d'ouvrir un chemin à notre infanterie emprisonnée dans un cercle de baïonnettes et de canons, lui-même il conduisit sur le terrain l'officier d'état-major qui avait apporté cet ordre pour lui faire constater que toute charge était désormais impossible et ne devait infailliblement aboutir qu'à une inutile boucherie. On se replia donc derrière le bois de la Garenne, en attendant la fin du combat.

C'est sur la lisière nord de ce bois, que, un peu plus tard, un officier d'infanterie prisonnier vit un jeune lieutenant de cavalerie étendu sans mouvement. Il s'approcha et reconnut l'uniforme des chasseurs d'Afrique. Ce cadavre était celui du lieutenant de Boisayrault, dont l'épine dorsale avait été brisée par un éclat d'obus. Tout près de lui gisaient deux de ses camarades de la rue des Postes, le lieutenant Costa de Beauregard et le lieutenant de Vergennes, à qui la même charge avait coûté la vie.

Pleine d'héroïsme aussi fut la fin d'un autre condisciple d'Alfred de Boisayrault.

Le 37ᵉ de ligne, auquel appartenait le lieutenant de la Bégassière, était resté couché toute la matinée sur un plateau qui domine le village de Floing. Ce village était occupé par l'ennemi et il fallait l'emporter coûte que coûte.

« A moi le 37ᵉ, s'écria le colonel vers midi, debout! à la baïonnette! et en avant! » et il fit sonner la charge.

« Je me précipitai un des premiers par-dessus les haies, dit M. Alain de Ferron, et en un clin d'œil nous étions descendus à travers les balles jusqu'au village. J'y rencontrai mon frère Henri, MM. de la Bégassière et de la Borderie, arrivés par un autre chemin. Mais nous n'avions été suivis que par une trentaine d'hommes, car à peine étions-nous partis, qu'on avait sonné la retraite. Impossible de continuer notre course en si petit nombre. Les Prussiens, un moment effrayés, nous attendaient retranchés derrière des murs et des haies, au dehors du village. Bientôt même ils s'emparèrent de la première maison d'où ils nous dominèrent en défonçant le toit. Pour moi, je parvins à remonter sur le plateau avec quelques hommes, défendant pied à pied chaque mur, chaque haie de jardin. »

Les autres officiers furent moins heureux. M. de la Borderie fut tué raide. Le lieutenant de la Bégassière, accablé par le nombre, après une longue lutte, fut cerné et désarmé sans avoir jamais consenti à rendre lui-même les armes. Deux fois, il s'échappa des mains des Prussiens, mais deux fois il fut repris. Profitant du tournant d'une rue, il s'était évadé une troisième fois et allait rejoindre son bataillon, qui luttait corps à corps à quelques pas, lorsqu'un major l'aperçut et fit diriger vers lui tout un feu de peloton.

« Après avoir repoussé les Prussiens du village, a déclaré un soldat du 37e, nous étions occupés à fouiller les maisons pour nous assurer qu'il n'y restait plus d'ennemis, quand nous fûmes assaillis par de nombreux renforts que les Prussiens étaient allés chercher à une petite distance et qui firent pleuvoir sur nous une grêle de boulets et d'obus auxquels nous ne pûmes résister. En battant en retraite, je vis un sous-lieutenant tombé dans une rue. Je m'approchai de lui et je reconnus M. de la Bégassière. Il était criblé de balles et perdait beaucoup de sang. Il me reconnut aussi et put me dire, malgré ses violentes souffrances : « Je vais mourir, fais mes adieux à ma famille. » Le cœur navré et les yeux pleins de larmes, je m'empressai de le transporter à une petite distance, avec l'intention de le déposer dans un endroit où il aurait pu recevoir du secours. Mais les Prussiens nous suivaient de si près, que je fus obligé, pour ne pas être pris moi-même, de le déposer au pied d'un grand mur de jardin, contre lequel je l'appuyai. Il avait perdu connaissance. Quelques instants après, il était mort.

III

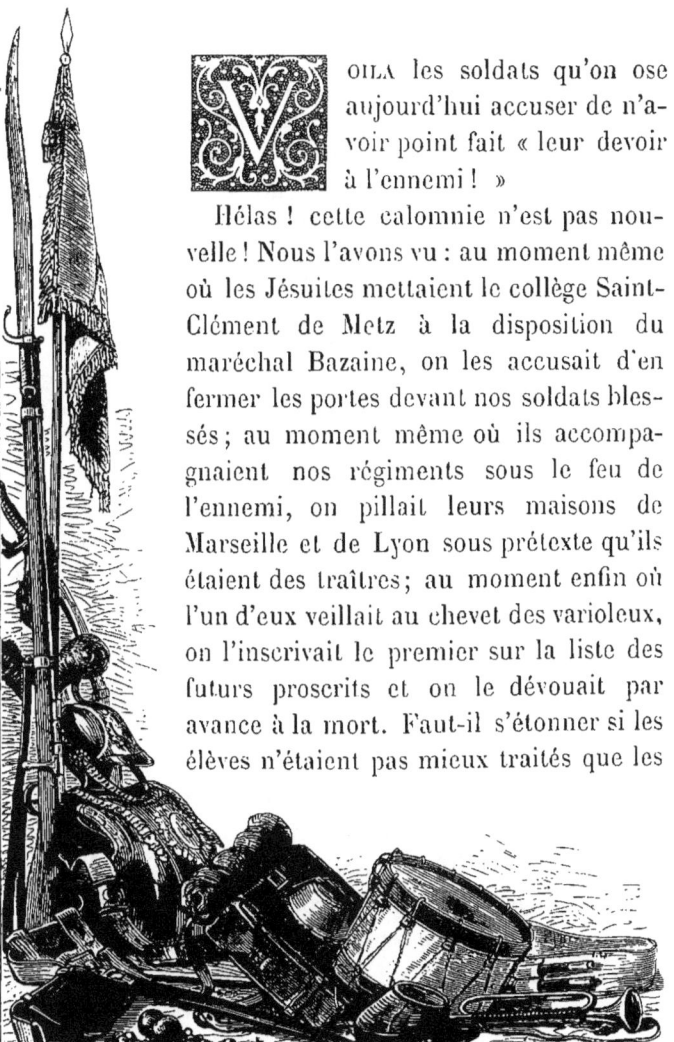

Voilà les soldats qu'on ose aujourd'hui accuser de n'avoir point fait « leur devoir à l'ennemi ! »

Hélas ! cette calomnie n'est pas nouvelle ! Nous l'avons vu : au moment même où les Jésuites mettaient le collège Saint-Clément de Metz à la disposition du maréchal Bazaine, on les accusait d'en fermer les portes devant nos soldats blessés ; au moment même où ils accompagnaient nos régiments sous le feu de l'ennemi, on pillait leurs maisons de Marseille et de Lyon sous prétexte qu'ils étaient des traîtres ; au moment enfin où l'un d'eux veillait au chevet des varioleux, on l'inscrivait le premier sur la liste des futurs proscrits et on le dévouait par avance à la mort. Faut-il s'étonner si les élèves n'étaient pas mieux traités que les maîtres et si à l'instant même où ils arrosaient les champs de bataille de leur sang généreux, on cherchait déjà à déshonorer leurs noms en y accolant les plus ignominieuses épithètes!

« Au combat de la Malmaison, le 21 octobre, dit un éloquent orateur, tombait René de Boysson. Avec son ardeur accoutumée, il poursuivait un drapeau prussien qu'il espérait saisir et rapporter à Paris. Capitaine adjudant-major à vingt-neuf ans, il voulait montrer qu'il ne tenait pas son grade de la faveur avec laquelle il n'avait jamais rien voulu avoir à démêler. On retrouva son corps au milieu des rangs prussiens qu'il avait percés en enlevant ses hommes.

» Deux mois plus tard, son jeune frère Maurice imitait sa bravoure et se montrait digne, lui aussi, de sa bonne et forte race. Il était à Fréteval avec ses marins. Trois cents fusiliers de la marine sont surpris par un corps de cinq mille Prussiens. Même chez ces braves gens, il y a un moment d'hésitation. Le commandant, pour électriser ses hommes, s'élance en criant : « A moi, les officiers ! » Maurice de Boysson bondit au premier rang; lui et quatre de ses compagnons tombent criblés de balles ennemies ; mais l'honneur était magnifiquement sauf et le sang des forts était versé pour la France, en invoquant Dieu !

» Ici un souvenir douloureux m'étreint au cœur. Pendant que le vénérable père de ces jeunes gens envoyait au feu six de ses fils pour défendre, vous avez vu comment, la patrie envahie, on répandait çà et là, autour de sa demeure si connue des pauvres, et jusqu'au fond des plus paisibles campagnes, que ce noble et ce réactionnaire pactisait avec les Prussiens et vendait son pays !... C'était le temps où, ici même, les vaillants de la presse, embusqués derrière leurs cachettes glorieuses, attaquaient le patriotisme de nos vieilles familles, lorsque, pour ne parler que de celles de nos victimes, trois hommes du nom de Nyvenheim, quatre du nom de Trémolière, quatre du nom de Domenech, plus de dix du nom de d'Adhémar portaient les armes et étaient au feu ! L'histoire dira cela un jour ; elle dira que lorsque six enfants du nom de du Bourg étaient debout au champ d'honneur, des agents de la police inspectaient avec minutie leur foyer paternel comme une maison suspecte, et qu'on était bien près de traîner en justice leurs nobles pères comme de dangereux conspirateurs (1) ! »

(1) R. P. Roux. *Éloge funèbre des anciens élèves du collège Sainte-Marie de Toulouse, tués pendant la guerre.*

C'étaient pourtant de magnifiques officiers que tous ces jeunes gens! A vingt-deux ans, Renaud de la Frégeolière, déjà professeur au *Borda*, commandait en même temps la première compagnie du premier bataillon de fusiliers marins, à l'armée du Nord. Ses hommes sont toujours au poste le plus périlleux. Au combat de Béhagnies, une batterie placée sur le plateau de Favreuil faisait d'effroyables ravages dans les rangs français. Ordre est donné à la Frégeolière de s'en emparer.

« Allons, les enfants, crie-t-il à ses marins, en avant, c'est Dieu qui nous guide! »

La compagnie se déploie en tirailleurs et, entraînée par son jeune capitaine, elle gravit la pente sous un feu meurtrier. La batterie recule une première fois, elle recule encore. Quelques minutes de plus, et les marins cloueront les artilleurs allemands sur leurs pièces. Mais non; tout à coup deux escadrons, qui s'abritaient dans un pli du terrain, s'élancent sur l'héroïque troupe, qui, surprise de ce choc inattendu, se trouble. Heureusement la Frégolière est là; il rassure ses marins et on reçoit la charge de pied ferme.

« Prisonniers, les marins, prisonniers, » vocifèrent les cavaliers prussiens qui ont enveloppé cette poignée d'hommes.

« Marins, répond d'une voix vibrante l'intrépide la Frégolière, marins, on ne se rend pas ! »

Et on commence une lutte désespérée, qui ne prend fin qu'à l'arrivée d'un bataillon de chasseurs volant au secours des marins.

La bataille est perdue, il faut se replier. La Frégolière veut le faire en bon ordre ; il réunit ses hommes, mais déjà il ne peut plus rester debout. Son sang coule à flots, car il a une balle dans le bras et l'épaule fracassée : qui s'en serait douté à le voir tenir aussi ferme ! Un de ses marins le prend sur ses épaules et l'emporte. Comme il ralentissait le pas pour ne point augmenter la douleur de son bon capitaine : « Va, Maurin, va donc, lui dit la Frégolière, du courage ! Ce ne sera rien ; j'en serai quitte pour une amputation. » Au même instant une balle le frappe au cœur et il expire.

Encore une nature « amollie et débilitée » que cet élève des Jésuites !

Et Edgard de Saisset, le camarade de Renaud de la Frégolière, au *Borda?* « Monsieur et cher amiral de mon cœur, écrit-il à son père, je mûris sous le feu ; cela est beau, cela élève l'âme. Il me semble que je deviens un brave garçon complet. Ce soir, je prends possession de la plus belle batterie, c'est-à-dire de la plus périlleuse. Déjà quatre tués et douze blessés... Mes marins sont superbes. Vive la

France ! » Coupé en deux par un éclat d'obus au fort de Montrouge.

Et Paul Odelin, qui écrit à sa mère : « J'ai la volonté bien arrêtée de me faire tuer, s'il le faut, en faisant mon devoir. Je ne demande que l'honneur de travailler au salut du pays. » Les Prussiens l'épargnèrent, mais les partisans de la Commune le fusillèrent presque à bout portant dans l'odieux guet-apens de la place Vendôme.

Et le lieutenant Justin Garnier ? A Auvours, trois fois il a ramené ses hommes à la charge, quand il tombe frappé en pleine poitrine. Il a tellement émerveillé par sa bravoure les officiers ennemis, qu'ils viennent lui serrer la main sur la paille où il agonise en disant : « Brave officier ! brave Français ! »

Et Robert Didio ? « J'ai offert à Dieu ma vie pour la France ; maintenant je suis prêt à tout... Que je voudrais mourir frappé d'une balle prussienne ! » Son vœu fut exaucé à la Malmaison, et Dieu accepta une vie si généreusement offerte pour l'honneur du pays.

Et Ulric Stoffels ? Il a obtenu à force d'instances d'être envoyé à la frontière. « On ne doit plus regarder à sa propre vie, écrit-il alors tout joyeux à sa mère, il faut au contraire en faire le sacrifice et se dévouer corps et âme pour défendre les droits d'une nation qui vous fait l'honneur de vous appeler à son service. » Tué à Noisseville.

Et Anatole Thierret ? A Champigny, il a reçu dans le bas ventre une balle qui l'a traversé de part en part. Un mois après, sa blessure à peine cicatrisée, il se traîne de nouveau à la bataille. Mais ses forces trahissent son courage. Il souffre horriblement et son capitaine, remarquant qu'il peut à peine marcher, l'engage à rebrousser chemin et à rentrer à l'ambulance. Le vaillant officier refuse. « J'irai jusqu'au bout ou je mourrai à la peine, » répond-il, et il meurt à la peine, comme il l'avait dit.

Le duc de Luynes.

Et le duc de Luynes, que M. Gambetta, ministre de l'intérieur, félicite « sur son patriotisme au nom de la France en danger » (1)? Félicitations glorieuses assurément, mais

(1) « *Paris*, 5 septembre 1870, 8 h. 55 soir, n° 30,001.
Intérieur à duc de Luynes, château de Dampierre (Seine-et-Oise).
Recevez félicitations sur votre patriotisme au nom de la France en danger. Selon votre désir, nous chargeons le ministre de la guerre de délivrer à votre bataillon 1089 fusils. Venez. »

bien méritées aussi, car, marié depuis trois ans à peine, père de deux petits enfants, le duc de Luynes avait trop de bonheur sur la terre pour ne point tenir à la vie. Rien ne put pourtant comprimer les élans de son amour pour la patrie. « Je suis jeune, bien portant, dit-il, je ne resterai point spectateur inactif de tant de désastres, quand la France a besoin de tous ses fils pour la défendre. Je partirai, c'est mon devoir. » Et il partit, comme tant d'autres jeunes gens, oublieux un moment de sa famille pour ne plus voir que le pays en péril. — A Coulmiers, ce fut son bataillon qui empêcha les Prussiens de tourner l'armée et le *Moniteur* lui attribue en grande partie la victoire. Sous une pluie d'obus, tous les hommes avaient été obligés un instant de se coucher à terre. Mais, pas plus que son commandant, le duc de Luynes, capitaine adjudant-major, ne consentit à descendre de cheval. Il resta sans sourciller au milieu de ses soldats, cible vivante pour l'ennemi. La main de Dieu le protégea. Mais, quelques jours après, le 2 décembre, elle accepta sa vie dans le sanglant holocauste de Loigny et un obus prussien le foudroya au premier rang.

Faut-il rappeler encore le lieutenant Guilloux qui, resté seul dans un groupe d'ennemis, refuse de se rendre, lutte contre ceux qui l'entourent et parvient enfin à sauver l'étendard de son régiment; Guillon, qu'on relève à Loigny percé de dix-huit balles ; et ce jeune officier qui ne peut retenir ses larmes, en racontant au Père de Bengy que ses hommes, tous des recrues, ont lâché pied ? « Cependant, murmure-t-il en tirant sa montre aplatie et brisée par une balle allemande, cependant j'ai bien fait mon devoir ! »

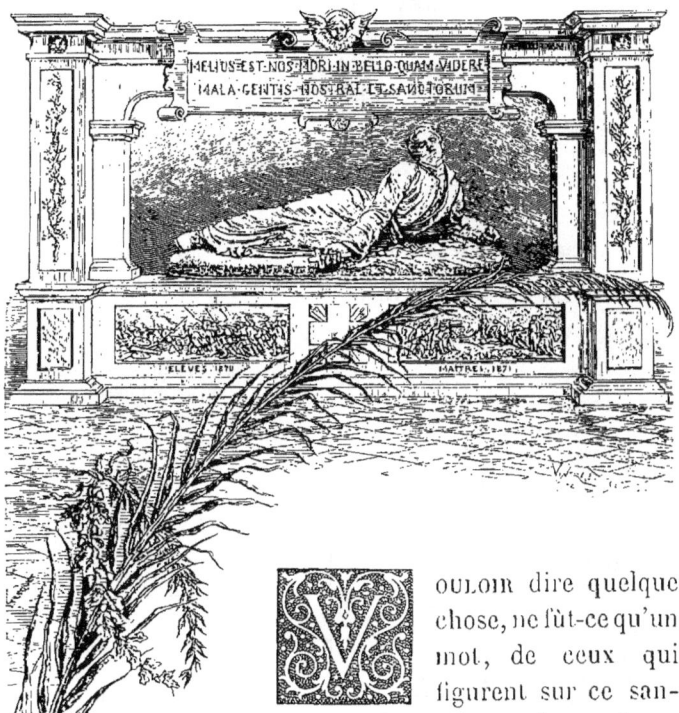

Vouloir dire quelque chose, ne fût-ce qu'un mot, de ceux qui figurent sur ce sanglant martyrologe de la patrie serait trop long.

Du moins, les nommerons-nous, et cette funèbre liste fera-t-elle plus pour leur gloire que toutes nos paroles.

AUBERT (HENRI),
SOUS-LIEUTENANT D'INFANTERIE,
TUÉ A THIAIS, PRÈS PARIS,
20 ANS.

AUBRY (GEORGES),
LIEUTENANT D'ARTILLERIE,
TUÉ A VENDOME,
CHEVALIER DE LA LÉGION D'HONNEUR.
22 ANS.

BAIN DE LA COQUERIE (JOSEPH),
SERGENT-MAJOR DE MOBILES,
TUÉ AU PLATEAU D'AUVOURS,
22 ANS.

MORAND (PAUL),
VOLONTAIRE ZOUAVE,
MORT A BUSSY-SAINT-GEORGES
D'UNE BLESSURE A VILLIERS-SUR-MARNE,
20 ANS.

COMTE BOHRER DE KREUZNACH (RAOUL),
VOLONTAIRE
DANS LES FRANCS-TIREURS MILITAIRES
DE LA SEINE,
TUÉ A BOUGIVAL,
19 ANS.

DAMBRICOURT (ALBERT),
VOLONTAIRE VENDÉEN,
MORT A CRAON, PRÈS PARIS,
20 ANS.

DAT (LÉOPOLD),
SOUS-LIEUTENANT DE MOBILES,
TUÉ AU COMBAT DE SILLÉ-LE-GUILLAUME,
21 ANS.

DOMET DE MONT (ÉDOUARD),
SOUS-LIEUTENANT D'INFANTERIE,
CHEVALIER DE LA LÉGION D'HONNEUR,
BLESSÉ A LA PRISE DES BUTTES MONTMARTRE,
MORT A PARIS,
19 ANS.

DE LA BÉGASSIÈRE (STANISLAS),
SOUS-LIEUTENANT D'INFANTERIE,
TUÉ A FLOING, PRÈS SEDAN,
21 ANS.

MARQUIS DE BELLEVUE (JEAN),
SERGENT AUX ZOUAVES PONTIFICAUX,
TUÉ A LOIGNY,
20 ANS.

COSTA DE BEAUREGARD (OLIVIER),
SOUS-LIEUTENANT AUX LANCIERS,
TUÉ A SEDAN,
21 ANS.

DUFÉRIER (MAURICE),
SOUS-LIEUTENANT D'INFANTERIE DE MARINE,
TUÉ A SEDAN,
22 ANS.

VICOMTE DE BERNARD
DE LA FRÉGEOLIÈRE (RENAUD),
CAPITAINE COMMANDANT UNE COMPAGNIE
DE FUSILIERS MARINS,
TUÉ A BÉHAGNIES (BATAILLE DE BAPAUME),
22 ANS.

DE FROMOND DE BOUAILLE (RENÉ),
SOUS-LIEUTENANT D'INFANTERIE,
TUÉ A VILLIERS,
21 ANS.

BERNARDEAU (JOSEPH),
SOUS-LIEUTENANT DE MOBILES,
MORT A PARIS D'UNE BLESSURE A L'ATTAQUE
DE LA MAISON-BLANCHE, PRÈS CHOISY,
22 ANS.

BARON DE BOISAYRAULT (ALFRED),
SOUS-LIEUTENANT DE CHASSEURS,
TUÉ A SEDAN,
25 ANS.

BELL (GEORGES),
SERGENT-MAJOR,
MORT A PARIS D'UNE BLESSURE A BUZENVAL,
22 ANS.

DE PERRAN (DENIS),
VOLONTAIRE DE L'OUEST,
MORT A MAYENNE,
20 ANS.

LES ÉLÈVES DES COLLÈGES RELIGIEUX.

PHILIP (JOSEPH),
SOUS-LIEUTENANT D'INFANTERIE,
TUÉ DEVANT STRASBOURG,
21 ANS.

PISON (AUGUSTE),
LIEUTENANT DE MOBILES,
MORT A BEAUGENCY, DE SES BLESSURES
A VERNON,
22 ANS.

DE LAUMIÈRE (MAURICE),
CAPITAINE D'INFANTERIE,
TUÉ A BUZENVAL,
21 ANS.

VICOMTE DE L'ESTOILE (JULIEN),
LIEUTENANT D'INFANTERIE,
TUÉ A LOIGNY,
21 ANS.

LANDRY (AMÉDÉE),
LIEUTENANT D'INFANTERIE,
MORT A L'HÔPITAL DE VESOUL,
22 ANS.

DE LUPEL (ROBERT),
LIEUTENANT D'INFANTERIE,
TUÉ A SEDAN,
22 ANS.

VICOMTE DE MURAT (GASTON),
CAPITAINE DE MOBILES,
CHEVALIER DE LA LÉGION D'HONNEUR,
TUÉ A PARIS (BUZENVAL),
22 ANS.

NOUAUX (HENRI),
SOUS-LIEUTENANT DE CHASSEURS
TUÉ A REICHSHOFFEN,
23 ANS.

CHANTRON (ALPHONSE),
MARÉCHAL DES LOGIS,
BLESSÉ A SAINT-PRIVAT, MORT A BERNE,
23 ANS.

PRINCE DE BERGHES (PIERRE),
SOUS-LIEUTENANT DE CAVALERIE,
OFFICIER D'ORDONNANCE DU GÉNÉRAL LEBRUN,
MORT A BRUXELLES
D'UNE BLESSURE REÇUE A SEDAN,
24 ANS.

DUBRUEL (CHARLES),
SOUS-LIEUTENANT D'INFANTERIE,
MORT A BRIEY
D'UNE BLESSURE REÇUE A SAINT-PRIVAT,
24 ANS.

GUILLAUME (EDMOND),
SERGENT-MAJOR A LA 2e COMPAGNIE
DU 4e BATAILLON DU LOIRET,
MORT A ORLÉANS,
23 ANS.

HAINGLAISE (ALPHÉE),
LIEUTENANT DE HUSSARDS,
MORT A METZ D'UNE BLESSURE A GRAVELOTTE,
24 ANS.

LEPOT (LIONEL),
LIEUTENANT D'INFANTERIE,
MORT A PARIS D'UNE BLESSURE A MONTMÉDY.
23 ANS.

DEVANT L'ENNEMI.

LANGLE (ÉMILE),
SERGENT DE MOBILES,
TUÉ A LOIGNY,
23 ANS.

DE LARDEMELLE (MAURICE),
SOUS-LIEUTENANT D'INFANTERIE,
MORT A METZ,
23 ANS.

PONCHON DE SAINT-ANDRÉ
(EMMANUEL),
MARÉCHAL DES LOGIS,
CHEVALIER DE LA LÉGION D'HONNEUR,
MORT A LURE
DE BLESSURES REÇUES PRÈS D'HÉRICOURT,
23 ANS.

DE SAINT-JOUAN (JULIEN),
LIEUTENANT D'INFANTERIE,
MORT DE BLESSURES AU BOURGET,
23 ANS.

DE SAISSET (EDGARD),
LIEUTENANT DE VAISSEAU,
TUÉ AU FORT DE MONTROUGE,
24 ANS.

DE SAISY (CHARLES),
SERGENT AUX ZOUAVES PONTIFICAUX,
MORT A CHATEAUDUN
DE BLESSURES REÇUES PRÈS DE BROU,
24 ANS.

DUC DE LUYNES ET DE CHEVREUSE
(CHARLES-D'ALBERT),
CAPITAINE ADJUDANT-MAJOR DE MOBILES,
TUÉ A LOIGNY,
25 ANS.

VICOMTE DE MALARTIC (GONTRAN),
CAPITAINE DE MOBILES,
MORT A PARIS DURANT LE SIÈGE,
23 ANS.

MARCHAND (HENRI),
LIEUTENANT DE MOBILES,
MORT AU MANS
D'UNE BLESSURE A PARIGNÉ-L'ÉVÊQUE,
22 ANS.

MARGUET (JOSEPH),
LIEUTENANT D'ARTILLERIE,
TUÉ A GRAVELOTTE,
24 ANS.

MENDOUSSE (FERNAND),
SOUS-LIEUTENANT DU GÉNIE,
TUÉ A PARIS (SAINT-DENIS),
22 ANS.

LECOINTE DES ILES (AUGUSTE),
SOUS-LIEUTENANT DE CHASSEURS A PIED,
TUÉ A PARIS,
26 ANS.

MARQUIS DE SUFFREN (ANDRÉ),
SOUS-LIEUTENANT D'INFANTERIE,
TUÉ A REICHSHOFFEN,
25 ANS.

DE LA TAILLE (TIMOLÉON),
OFFICIER D'ARTILLERIE A L'ARMÉE
DE LA LOIRE,
TUÉ AU COMBAT DES ROCHES,
27 ANS.

LES ÉLÈVES DES COLLÈGES RELIGIEUX.

TROY (ÉMILE),
SOUS-LIEUTENANT D'INFANTERIE,
TUÉ A GRAVELOTTE,
25 ANS.

VICOMTE DE VERGENNES (PAUL),
SOUS-LIEUTENANT DE CHASSEURS D'AFRIQUE,
TUÉ A SEDAN,
27 ANS.

VICOMTE DE VESINS,
LIEUTENANT D'INFANTERIE,
MORT A VIONVILLE
DE BLESSURES A GRAVELOTTE,
25 ANS.

DE VILMAREST (HENRI),
SERGENT-MAJOR DE CHASSEURS A PIED,
MORT A METZ, DE BLESSURES A GRAVELOTTE,
25 ANS.

VIOT (HENRI),
CAPITAINE D'INFANTERIE,
TUÉ A MAZANGÉ,
30 ANS.

RÉROLLE (MAURICE),
LIEUTENANT D'INFANTERIE,
MORT A METZ, DE BLESSURES A SERVIGNY,
26 ANS.

VICOMTE DE RODELLEC DU PORZIC
(ANTOINE),
LIEUTENANT DE CHASSEURS D'AFRIQUE,
27 ANS.

DE MOLORÉ DE SAINT-PAUL (RENÉ),
LIEUTENANT D'ARTILLERIE,
TUÉ A PARIS (COMMUNE),
27 ANS.

DE MONDION (LÉOPOLD),
SOUS-LIEUTENANT D'INFANTERIE,
MORT A METZ, DE BLESSURES A GRAVELOTTE,
23 ANS.

DE MONS DE MONCHATON (CHARLES),
CAPITAINE DE MOBILES,
TUÉ A DREUX,
20 ANS.

DE KERGARADEC (ROBERT),
LIEUTENANT D'INFANTERIE,
TUÉ A LA BATAILLE DE WŒRTH,
26 ANS.

KERVILIER (CHARLES),
CAPITAINE DE MOBILES,
TUÉ A DROUÉ,
27 ANS.

DE BOURNET (JOSEPH),
SOUS-LIEUTENANT ÉLÈVE D'ARTILLERIE
A L'ECOLE D'APPLICATION DE METZ,
TUÉ A REICHSHOFFEN,
27 ANS.

BOUTIN (HIPPOLYTE),
LIEUTENANT DE ZOUAVES,
TUÉ A REICHSHOFFEN,
27 ANS.

DE BOYSSON (MAURICE),
ENSEIGNE DE VAISSEAU,
TUÉ A FRÉTEVAL,
27 ANS.

DE BOYSSON (RENÉ),
CAPITAINE ADJUDANT-MAJOR AU 36ᵉ DE MARCHE,
TUÉ A LA MALMAISON,
28 ANS.

COMTE DE CEPOY (RAOUL),
CAPITAINE D'INFANTERIE,
TUÉ A SEDAN,
25 ANS.

DE BOISSIEU (GUSTAVE),
COMMANDANT LE 5ᵉ BATAILLON DE MARCHE,
CHEVALIER DE L'ORDRE MILITAIRE
DE SAINT-GRÉGOIRE-LE-GRAND,
TUÉ A ORLÉANS,
32 ANS.

DU BOURG (MAURICE),
CAPITAINE AUX ZOUAVES PONTIFICAUX,
CHEVALIER DE L'ORDRE DE PIE IX,
TUÉ AU PLATEAU D'AUVOURS,
31 ANS.

HENRY (PAUL),
VOLONTAIRE,
TUÉ A L'ARMÉE DE LA LOIRE.

HENRY (RAYMOND)
CAPITAINE DE ZOUAVES,
CHEVALIER DE LA LÉGION D'HONNEUR,
TUÉ A REICHSHOFFEN.

COMTE D'IMÉCOURT (OLIVIER),
SOUS-LIEUTENANT DE CHASSEURS,
MORT A PARIS.

COMTE DU PLESSIS DE GRÉNÉDAN
(AUGUSTE),
CAPITAINE D'ARTILLERIE,
CHEVALIER DE LA LÉGION D'HONNEUR,
MORT A RENNES DES FATIGUES DE LA GUERRE,
33 ANS.

LE POMELLEC (ANGE),
LIEUTENANT D'ARTILLERIE,
TUÉ A METZ,
26 ANS.

BARBEREUX (GEORGES),
LIEUTENANT D'INFANTERIE,
MORT A BRUXELLES
D'UNE BLESSURE REÇUE A SEDAN,
28 ANS.

COMTE DE BEAUREPAIRE-LOUVAGNY
(EMMANUEL),
LIEUTENANT D'INFANTERIE,
TUÉ A FORBACH,
27 ANS.

COUTURIER (LUCIEN),
LIEUTENANT DE CHASSEURS A PIED,
MORT A METZ
D'UNE BLESSURE REÇUE A GRAVELOTTE,
27 ANS.

COMTE D'ADHÉMAR DE CRANSAC
(HENRI),
CAPITAINE D'ARTILLERIE,
TUÉ A GRAVELOTTE,
32 ANS.

LES ÉLÈVES DES COLLÈGES RELIGIEUX.

ALGAY (JOSEPH),
LIEUTENANT D'INFANTERIE DE MARINE,
TUÉ AU VILLAGE DES ORMES, PRÈS D'ORLÉANS,
24 ANS.

DUFOUR (MARTIAL),
SOUS-LIEUTENANT DE TIRAILLEURS ALGÉRIENS,
TUÉ A REICHSHOFFEN.

MIGNERET DE CENDRECOURT
(ÉLÉOSIPPE),
CAPITAINE D'ÉTAT-MAJOR,
TUÉ A FORBACH,
29 ANS.

VICOMTE DE FALAISEAU (HENRI),
CAPITAINE DE CHASSEURS A PIED,
TUÉ A CHAFFOIS,
23 ANS.

DE NYVENHEIM (AUGUSTE),
SOUS-LIEUTENANT AUX LANCIERS DE LA GARDE,
BLESSÉ MORTELLEMENT A GRAVELOTTE.

BARON DE NYVENHEIM (BERNARD),
VOLONTAIRE CUIRASSIER,
MORT A MOSTAGANEM.

DE NYVENHEIM (CHARLES),
LIEUTENANT DE CHASSEURS,
TUÉ A GRAVELOTTE.

DE LANGLE DE CARY (ALDÉRIC),
LIEUTENANT D'INFANTERIE,
TUÉ A REICHSHOFFEN,
27 ANS.

Voilà ce qu'a fait *un seul* des collèges des Jésuites !

En 25 ans, il a donné aux écoles du gouvernement 2393 élèves. Pendant la guerre de 1870, 1093 d'entre

eux étaient sous les drapeaux ; 86 ont été tués à l'ennemi, et 184 ont été décorés. Parmi ces légionnaires, il y avait des officiers de vingt ans, comme Edouard de Mont.

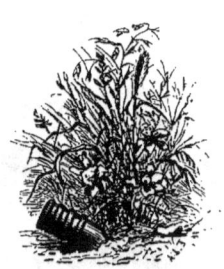

Quant aux champs de bataille où ils sont tombés, on les appelle Wœrth, Freschwiller, Reichschoffen, Spickeren, Forbach, Gravelotte, Saint-Privat, Saint-Julien, Borny,

Mars-la-Tour, Noisseville, Montrouge, Bougival, Le Bourget, Buzenval, La Malmaison, Loigny, Orléans, Droué, Vendôme, Brou, Varize, Fréteval, Montmédy, Dreux, Le Mans, Bapaume, Héricourt, Verdun, etc., etc... 41 plaines ou forteresses qui ont été rougies de ce noble sang !

Voici un tableau indiquant le nombre détaillé des élèves envoyés depuis vingt-cinq ans par l'École Sainte-Geneviève dans nos différentes écoles :

ANNÉES	ÉCOLE CENTR.	POLYTECHNIQUE	SAINT-CYR
1854-55	»	»	4
1855-56	3	»	4
1856-57	2	1	8
1857-58	1	3	10
1858-59	2	4	15
1859-60	4	10	26
1860-61	5	9	27
1861-62	6	10	42
1862-63	7	8	30
1863-64	8	13	50
1864-65	14	11	64
1865-66	16	19	55
1866-67	11	13	53
1867-68	22	27	52
1868-69	9	19	59
1869-70	19	25	81
1870-71	3	15	Pas de liste
1871-72	16	31	64
1872-73	14	35	71
1873-74	22	35	99
1874-75	18	39	81
1875-76	27	37	81
1876-77	31	30	93
1877-78	17	32	62
1878-79	8	36	72

En ajoutant à ces élèves les élèves reçus aux diverses écoles : Navale, Forestière, des Mines, on atteint le chiffre de 2393.

Et, je le répète, il ne s'agit que des élèves d'une école.

Si nous ouvrions les martyrologes des autres collèges, que de noms encore, et de beaux noms, nous trouverions :

S. E. le cardinal Desprez.

A Toulouse : Fernand des Étangs, Jérôme Caillava, Emmanuel et Armand du Bourg, Louis d'Adhémar, etc., etc.

A Metz : Louis et Charles Robinet de Cléry, Raymond, René et Gaston de Buyer, Léon Hanrion, Octave de Saint-Germain, Jules de Geoffre de Chabrignac, Camille de Gourjault, Maurice de Roménont, etc., etc...

A Amiens : Gabriel de Bonijol, Paul de Carbonel, Raymond de Groumard, Édouard de Laurès, Henry de Plas, etc.

A Mongré : Charles de Beylié, Georges de Douglas, Henry de Jerphanion, Georges de Lafay, Antoine Depagneux, Maurice Douillet, Aimé Janson, Albert de Colignon, Alphonse de Surigny, etc.

A Vaugirard : Romain Destailleur, Pierre de Lagrange, Alphonse de Lamandé, Gaston de Romance, Arthur Moisant, Fernand de la Rousserie, Charles de Gréban, Robert Wetch, Maurice Guillaume, etc., etc.

A Iseure : Louis Bousset, Ajax Brunet, Gaston de Gouberville, Alexandre Josserand, Gabriel de Provenchères, Georges Sallé, Aristide Mellot, Michel de Vernières, etc., etc.

A Vannes : Jacques de Bouillé, Charles et Xavier de Saisy, Ernest Olivier, Auguste de la Vieuville, Jules Moignant, etc.

Il en serait de même à Avignon, à Bordeaux, à Dôle, à Montauban, à Poitiers, à Saint-Affrique et à Sarlat.

Mais les Jésuites n'ont pas le monopole de cette éducation patriotique. Tous les religieux sans exception l'inspirent à leurs élèves.

Arcueil a eu 6 élèves tués à l'ennemi; Oullins, 9; Sainte-Marie de Tinchebray, 30; Juilly, 9; les Maristes, 15; et les Eudistes, 43.

Les blessés et ceux qui se sont distingués par quelque action d'éclat ne se comptent point : ils sont trop nombreux.

IV

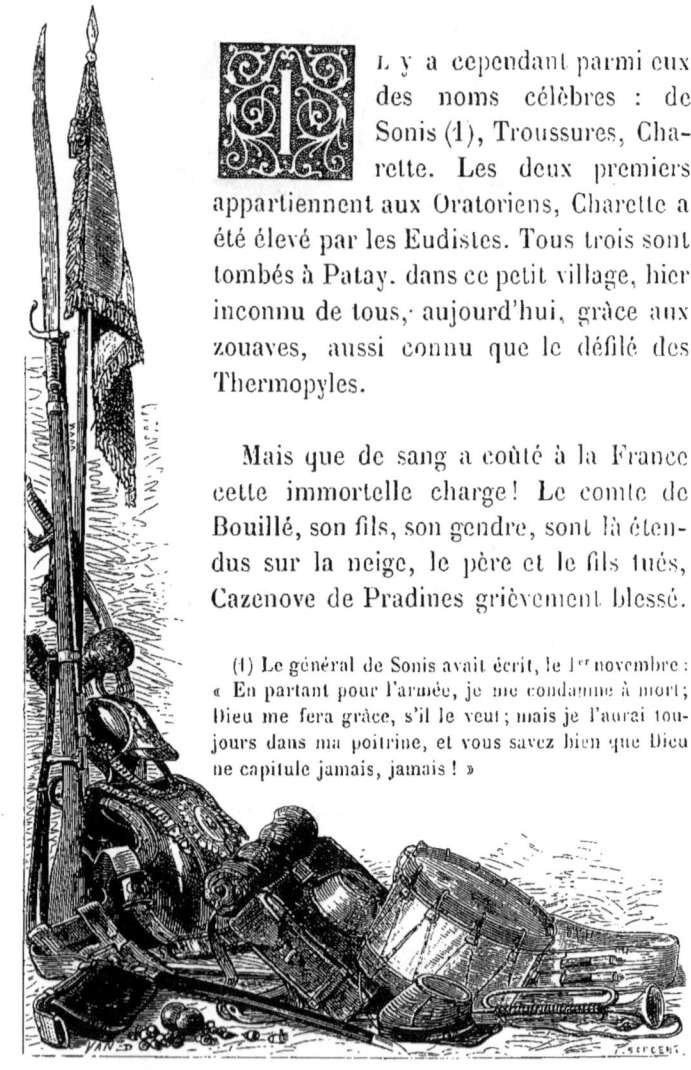

Il y a cependant parmi eux des noms célèbres : de Sonis (1), Troussures, Charette. Les deux premiers appartiennent aux Oratoriens, Charette a été élevé par les Eudistes. Tous trois sont tombés à Patay, dans ce petit village, hier inconnu de tous, aujourd'hui, grâce aux zouaves, aussi connu que le défilé des Thermopyles.

Mais que de sang a coûté à la France cette immortelle charge! Le comte de Bouillé, son fils, son gendre, sont là étendus sur la neige, le père et le fils tués, Cazenove de Pradines grièvement blessé.

(1) Le général de Sonis avait écrit, le 1er novembre : « En partant pour l'armée, je me condamne à mort; Dieu me fera grâce, s'il le veut; mais je l'aurai toujours dans ma poitrine, et vous savez bien que Dieu ne capitule jamais, jamais ! »

Dans ce fossé, ce zouave, c'est le comte de Verthamon. Pour voler au secours de la patrie, il a laissé sa femme enceinte et trois petits enfants; c'est sur son cercueil que l'on baptisera dans deux mois son quatrième fils. Ici Traversay, Boischevalier, Vetch, Gastebois, Jean de Bellevue; plus loin de Lagrange, de Suze, de la Brosse, du Bourg, de Villebois, Greban de Pontourny, et dans ce pli de terrain Houdet, qui a dit à sa mère en l'embrassant au moment du départ : « Il faut que chaque famille ait sa victime pour le salut de la France », et dont la dernière parole est maintenant : « Mon cœur à ma mère, mon sang à la France, mon âme à Dieu ! »

Tous ou presque tous élèves de ces religieux maudits dont l'éducation « débilite et amollit l'espèce humaine ».

Tranquilles sur leurs destinées éternelles, contents de faire leur devoir de chaque jour, ces nobles jeunes gens avaient veillé auprès du tombeau de saint Pierre et ils étaient morts pour le droit foulé aux pieds. Descendants pour la plupart de races illustres, riches des biens de la terre, leur cœur était demeuré libre, leur âme forte et prête au sacrifice. Tour à tour insultés, calomniés, ridiculisés, ils étaient demeurés impassibles sur les marches du trône pontifical, ne s'ébranlant que pour faire un moment reculer la force, et de leur sang écrire pour leur siècle dans le livre de l'histoire d'immortelles pages. La victoire refusa de s'avancer pour couronner leur héroïsme. Mais le Ciel leur réservait l'éclat d'une défaite aussi glorieuse que l'eût été le plus beau succès, et un jour vint où, dans les champs de Patay, les soldats du Pape se virent salués des acclamations universelles de l'armée, parce qu'ils avaient sauvé l'honneur français agonisant.

L'histoire d'un pareil corps ne s'écrit pas à petits traits. Chaque zouave mériterait presque une page, depuis du Chêne de Thiennes, qui seul va, le pistolet au poing, reconnaître un village occupé par l'ennemi, jusqu'à l'adjudant-major Lallemand qui, sur le plateau d'Auvours, essuie la décharge d'une compagnie entière de Prussiens, les bras croisés, la tête haute, et qui, avec une poignée d'hommes, culbute après ces « maladroits », comme il les appelle (1).

Pour se rappeler ce que les zouaves ont fait, il suffit de nommer : Cercottes, où Le Gonidec de Traissan, avec 170 hommes embusqués dans un bois, arrête les Bavarois et les

---

(1) Le capitaine Lallemand était un ancien élève du grand séminaire de Cambrai. La maladie seule l'empêcha de reprendre ses études théologiques interrompues. — Mais, s'il ne put passer des camps dans le sanctuaire, un assez grand nombre de ses camarades furent plus heureux que lui. Citons notamment le capitaine adjudant-major Wyard, entré à la Trappe du Mont-des-Cats ; le capitaine Benoît, qui se fit Chartreux ; le lieutenant Wibaux, les zouaves Dupé, Boulangé, Derély, etc..., Jésuites, et le zouave du Coëtlosquet, Bénédictin.

empêche de prendre l'armée à revers; Bellesme, où de Couëssin couvre la retraite des soldats du général Jaurès débandés; Patay, où Charette force l'admiration des

Prussiens eux-mêmes et où, de 300 zouaves qui s'étaient élancés pour emporter Loigny, 218 restent sur le terrain; et le Mans, où, suivant le général Chanzy, « les Volontaires de l'Ouest se montrent héroïques (1) ».

Tous les généraux qui ont vu les zouaves à l'œuvre leur rendent le même témoignage.

(1) 2ᵉ *Armée de la Loire*, p. 315.

« Le 12 janvier, dit le général Gougeard (1) qui était à leur tête au Mans, les zouaves dont le bataillon ne comptait plus que d'héroïques débris, soutinrent la retraite; certes jamais troupes plus braves ne portèrent plus haut dans ses malheurs le drapeau de la France, et c'est une justice qu'aime à leur rendre celui qui les a vus à l'œuvre et qui regardera comme un éternel honneur d'avoir commandé à de pareils hommes. »

Dans sa déposition devant la commission d'enquête, ce général accentue encore cet éloge magnifique :

« Je n'ai pas besoin, Messieurs, de faire l'éloge des zouaves pontificaux. Je dois cependant dire que j'y ai trouvé des hommes d'une valeur... je ne voudrais pas dire héroïque, on a un peu abusé du mot, mais je ne crains pas de dire qu'ils le méritent. Ce sont des hommes qui se sont admirablement conduits. C'étaient des troupes offensives du premier ordre.

» Nous avons eu deux affaires excessivement dures : l'une à la Fourche, l'autre au plateau d'Auvours.

» Le général Chanzy a décrit ces deux journées dans son livre. Il s'agissait d'une division qui abandonnait une position d'où dépendait le salut de la bataille. Eh bien! nous les reprîmes avec les zouaves pontificaux qui étaient en tête de colonne; il y eut une charge très brillante. C'est là que j'ai été nommé commandeur.

» Ces zouaves pontificaux ont été admirables. Je ne sais pas exactement le chiffre de leurs pertes, mais sur neuf capitaines il en est revenu deux, et sur mille hommes, dans les deux engagements, j'en ai ramené 350. Ce sont là

---

(1) Aujourd'hui conseiller d'État. (2e *Armée de la Loire*, p. 54.)

des chiffres que je ne puis affirmer d'une manière précise, mais c'est à peu près cela.

» Ils n'ont pas laissé dans les mains des Prussiens un seul prisonnier; leurs pertes étaient toutes en tués ou en blessés (1). »

« Le général commandant la 3ᵉ division du 16ᵉ corps, dit un autre officier dans son ordre du jour, ne veut pas laisser partir les Éclaireurs volontaires de l'Ouest, sans leur témoigner tout le regret qu'il éprouve de se séparer d'eux.

» Il se plaît à constater tout le zèle, l'intelligence et le courage avec lesquels ils n'ont cessé de remplir leur mission. Il espère que son souvenir régnera au milieu d'eux, comme ils pourront toujours être certains, en toute occasion, de son dévouement.

» *Le général commandant la 3ᵉ division,*
» DE CURTEN. »

(1) Extrait de la déposition du général Gougeard. (*Le camp de Conlie*, p. 83.)

L'amiral Jaurès (1) signe de son côté l'ordre du jour suivant :

« Mayenne, 27 janvier.

» ORDRE DU JOUR

» Officiers, sous-officiers et soldats des Volontaires de l'Ouest,

» Un ordre du ministre de la guerre enlève au 21ᵉ corps le 3ᵉ bataillon des Volontaires de l'Ouest.

» En me séparant de vous avec le plus profond regret, je tiens à vous remercier du courage, de la discipline et du dévouement dont vous avez toujours fait preuve.

» Dans nos combats comme dans nos marches, je n'ai jamais eu que des éloges à vous adresser, et vous étiez pour le 21ᵉ corps un exemple aussi bien qu'une force.

» Vous porterez ailleurs les nobles qualités qui ont élevé si haut votre réputation, mais vous conserverez, je l'espère, un souvenir d'affection et de confraternité d'armes pour le chef qui vous a commandés et pour les soldats avec lesquels vous avez combattu.

» *Le général commandant en chef le 21ᵉ corps,*
» *Signé* : JAURÈS. »

Et, quand l'heure du licenciement est arrivée, les zouaves ont l'insigne honneur de recevoir du ministre de la guerre un ordre du jour, qui, après la conscience du devoir accompli, a été sans doute leur plus haute récompense :

(1) Aujourd'hui sénateur et ambassadeur de France en Espagne.

« Officiers, sous-officiers, soldats des Volontaires de l'Ouest, leur dit le ministre, au moment où la France a été envahie et accablée sous le poids des malheurs, vous n'avez pas hésité à venir lui offrir votre bras, votre cœur et le meilleur de votre sang.

» Partout où votre belle légion a combattu et principalement à Cercottes, à Brou, à Patay et au Mans, elle s'est distinguée au premier rang par son courage, par son dévouement et son élan devant l'ennemi, aussi bien que par sa discipline et son excellent esprit.

» Vous avez montré un noble exemple qui vous fait le plus grand honneur, ainsi qu'au vaillant général de Charette, votre commandant et votre guide (1). *L'armée vous en remercie par ma voix.*

» La légion des Volontaires de l'Ouest va être licenciée,

---

(1) Le général Chanzy avait demandé un grand commandement pour le général de Charette, dont mieux que personne il avait été à même de reconnaître la brillante valeur et les hautes capacités militaires; M. Gambetta refusa :

« Bordeaux, 22 janvier 1871, 2 h. soir. N° 7906. — *Délégué guerre à Gambetta.* Lille.

» Le général Chanzy m'a fait passer ce matin dépêche par Vazelle. Il demande :

» 1°. . . . .

» 2° Si, ce dernier objectif (Carentan) étant admis, il ne conviendrait pas de donner à Charette le commandement de tous les mobilisés Bretons, afin de faire de la Bretagne une nouvelle Vendée.

» ... Je n'ai pu répondre, parce que cela soulève des questions politiques que vous seul pouvez résoudre. C. DE FREYCINET. » (*Enq. Dép.*, t. II, p. 465.)

« Lille, 24 janvier 1871, 8 h. 35 soir. N° 7160. — *Ministre guerre à délégué Freycinet.* Bordeaux (chiffrée).

» Je vous ai déjà écrit au sujet de Charette. Je ne demande pas mieux que de déférer aux désirs du général Chanzy et de donner à M. de Charette un commandement important de mobilisés, cinq ou six mille hommes. Mais je ne crois pas bon de constituer un grand commandement régional pour M. de Charette. — Léon GAMBETTA. » (*Enq. Dép.*, t. II, p. 475.)

mais je me sépare de vous avec la profonde conviction que la France pourra toujours compter sur votre valeur et sur votre dévouement contre les ennemis du dehors et contre ceux du dedans.

» *Le ministre de la guerre,*
» *Signé :* Général DE CISSEY. »

Enfin, M. Gambetta lui-même, au lendemain d'une de ces batailles où les zouaves versaient leur sang à flots, ne peut s'empêcher de télégraphier au gouvernement de Paris que « les zouaves pontificaux se sont admirablement conduits » (1).

(1) *Dépêches officielles,* t. II, p. 272

V

Qu'on rapproche maintenant ces témoignages, peu suspects assurément, des télégrammes suivants relatifs au chef d'état-major de l'armée des Vosges, l'ancien médecin Bordone.

— « *Le préfet du Rhône au ministre de la guerre.* 5 décembre.

» La conduite de Bordone à Autun est l'objet des plaintes de tous, une cause de découragement, un péril très grave. Elle méritera un conseil de guerre... Le maintien d'un tel chef d'état-major est un scandale. » —

— « *Guerre à général Bordone.* Dijon.

» Je ne comprends pas les incessantes questions que vous me posez pour savoir qui commande, non plus que les difficultés qui surgissent toujours au moment où, dites-vous, vous allez faire quelque chose. Vous êtes le seul qui invoquiez sans cesse des difficultés et des conflits pour justifier sans doute votre inaction. Je ne vous cache pas que le gouvernement est fort peu satisfait de ce qui vient de se passer (1).... »

— « J'avoue que j'attendais autre chose de vous dans cette campagne, et je regrette d'avoir aussi chaudement pris votre parti dans l'espoir où j'étais que cela vous déciderait à une action patriotique qui eût FAIT TOUT OUBLIER.

» *Le ministre de la guerre,*
» *Signé :* DE FREYCINET (2). » —

Qu'on veuille bien comparer encore les glorieux ordres du jour que nous avons rapportés plus haut avec les quelques dépêches suivantes relatives aux garibaldiens :

— « *Le préfet du Rhône* (Challemel-Lacour) *au ministre de la guerre.* 13 novembre.

» Il y a ici depuis longtemps, neuf cents garibaldiens qu'on paye et qui ne font rien... »

(1) *Dépêches,* 21 janvier.
(2) *Dépêches officielles,* 19 janvier, 2 h. 15.

LES ÉLÈVES DES COLLÈGES RELIGIEUX.   295

« 16 novembre.

» Les Italiens qui errent à Lyon *depuis six semaines* sous prétexte de former l'armée de Garibaldi, se livrent *à tous*

les désordres. Ils viennent d'assassiner deux hommes dans la même nuit... Je demande qu'on m'en débarrasse...

» IL FAUT A TOUT PRIX QUE LYON SOIT PURIFIÉ DE CETTE ENGEANCE (1). » —

— « *Colonel Gunckler au ministre de la guerre. 6 janvier.*

» Garibaldi ne peut plus marcher. Ses facultés semblent affaissées; initiative disparue; il est à la merci de son entourage italien, qui vaut très peu, surtout son gendre, ce Lobbia, sous-chef d'état-major, connu par l'histoire des tabacs italiens, peu avantageusement. Quand Bordone est absent, cet entourage commet, au nom de Garibaldi, des inepties et *des turpitudes* qui désorganisent et démoralisent l'armée. *Il semble qu'il y a parti pris de ne pas agir. Les Français vou-*

(1) *Dépêches officielles*, t. II, p. 31 et suiv.

draient combattre et sont humiliés d'avoir des chefs italiens, incapables et SANS PROBITÉ.

» Le mieux serait que Garibaldi renonçât à une partie que son état le rend incapable de jouer, ou qu'un commissaire, muni de pouvoirs suffisants, *vienne* NETTOYER *armée et veiller à ordre.* » —

— « Reçois dépêches de tous côtés, m'annonçant FUYARDS en désordre de Garibaldi et autres corps francs. Ils viennent encore *inonder la ville, y porter le désordre et l'indiscipline.* Les chefs m'écrivent qu'ils viennent se réorganiser, c'est-à-dire *vider encore les magasins de l'État.* Je serais bien d'avis de ne leur rien donner et *de traduire en cour martiale tous les chefs.*

» *Signé :* Général BRESSOLES (1). » —

---

(1) Même après leur licenciement, quelques-uns de ces corps francs furent la terreur des populations des campagnes. — Le procureur général d'Aix télégraphiait, le 25 février 1871, au ministre de la justice à Bordeaux :
« Légion de l'Étoile, 1000 hommes licenciés et en désarmement (Grecs et Espagnols), en séjour à Sisteron et communes voisines, désolent et terrifient les habitants, chassent et volent à main armée, se battent, tant officiers que soldats : rixe hier; sept blessés, dont deux mortellement. — Ce soir, le combat recommence... Annoncent que paix faite, continueront guerre pour eux; signifient qu'à défaut d'indemnité vont occuper pays militairement, la mairie et la recette. Personne n'ose plus sortir le soir... — THOUREL. »
(*Dép. off.*, t. I, p. 166.)

— « *Sous-préfet d'Autun au ministère de l'intérieur.* 1ᵉʳ janvier.

» Situation très grave à Autun. *Officiers boivent et mangent bien, mais font peu de besogne.* » —

— « La conduite des *Vengeurs*, depuis le premier jour de leur organisation jusqu'au jour de leur licenciement, a été ridicule, honteuse et infâme... En regardant de près ces accusations qui constituent des attentats à la propriété d'autrui, des vols, des escroqueries, on se sent pris d'un sentiment de dégoût, et je suis persuadé que le conseil de guerre sera prochainement appelé à faire justice des actes odieux des *Vengeurs*, qui ont méconnu tous leurs devoirs de citoyens et traîné dans la fange l'uniforme qu'ils étaient tenus de bien porter (1) »

Enfin qu'on essaye d'opposer, si on l'ose, aux de Troussures, aux de Gastebois, aux de Lagrange, aux de Bellevue, aux de Perron, aux de Saisy, à tous les chrétiens tombés sur le champ de bataille, les chefs de ces bandes, qui

(1) Rapport du colonel de Colonjeon concluant après enquête au licenciement du corps des *Vengeurs*.

sous mille noms et mille costumes différents, faisaient semblant de guerroyer dans les Vosges !

Un colonel Klingler, qui brûlait la cervelle à un de ses officiers et qui était immédiatement fusillé sur place par ses soldats indignés !

Un Malicki, commandant des *Vengeurs*, condamné pour vol, touchant plus de trois cent mille francs, et s'enfuyant en Suisse avec la caisse, dès qu'il se trouve en face des Prussiens (1) !

Un commandant Moulinié, des *Chasseurs volontaires du Rhône*, qui échangeait son képi à quatre galons contre le bonnet de forçat !

Un capitaine Lutz, qu'on autorisait à former le corps des *Éclaireurs républicains du Rhône*, et qui était condamné au bout de peu de jours à deux ans de prison pour escroquerie, sur la plainte de son capitaine adjudant-major !

Des officiers à qui on payait des cartes de visite, des dragonnes, des notes d'hôtel, des bottes molles, des frais de café !

Et qu'on juge de bonne foi si l'on a raison de révoquer en doute le courage et le patriotisme de la France catholique pour exalter le prétendu héroïsme de la France libre penseuse et radicale !

(1) Ce Malicki a été condamné à vingt ans de travaux forcés pour désertion en face de l'ennemi et vol de deniers appartenant à l'État.

VI

Est-ce à dire que, seule, la France catholique a fait son devoir en face de l'ennemi? Nous ne le prétendons pas?

« Partout, écrivait, il y a un an, un illustre académicien (1), partout il y a eu des traits de patriotisme, de dévoûment et de courage. Mais où se présentent-ils en plus grand nombre?

» Est-ce chez ces hommes qui, le 4 septembre, voyant la France si malheureuse sur les champs de bataille,

(1) Comte F. de Champigny, *Correspondant*, 10 novembre 1879.

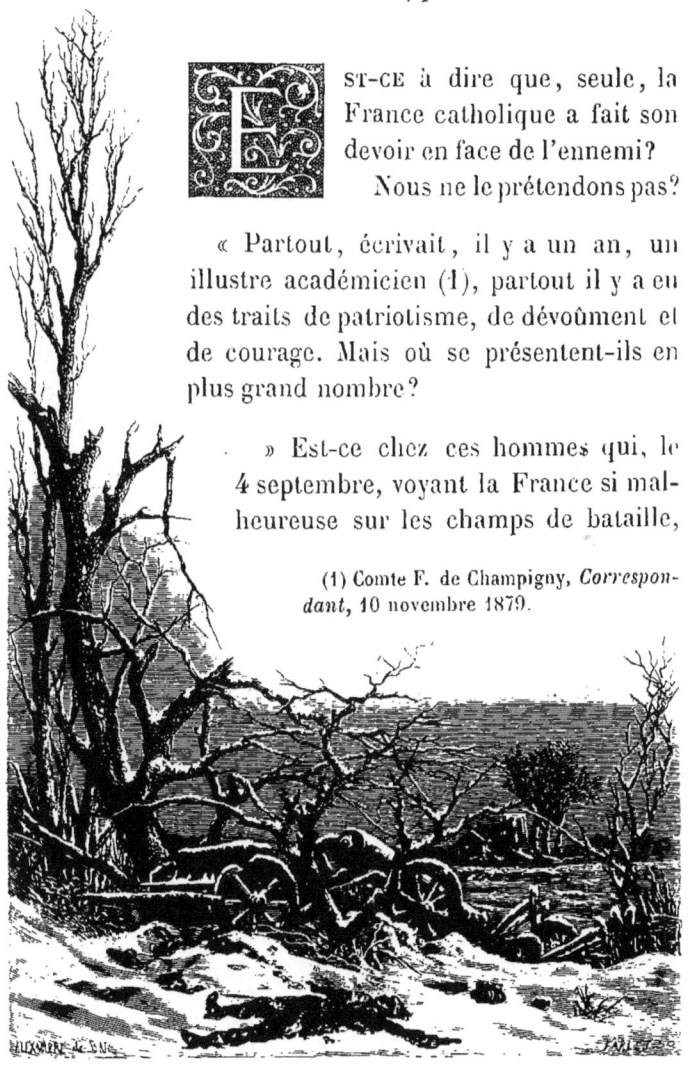

n'ont pas craint d'ajouter aux désastres de la guerre les désastres d'une révolution et d'un seul coup, par l'instal-

lation violente d'un pouvoir nouveau, ont mis la France moins en état de faire la guerre et moins en état de faire la paix? Est-ce chez ceux qui, insatiables d'émeutes et de révolutions, dans Paris assiégé et affamé, s'efforçaient de jeter à bas ce gouvernement même qu'ils venaient d'installer? Est-ce chez ceux enfin qui, le lendemain de cette douloureuse, mais nécessaire capitulation, dans la crainte sans doute que la France ne se pacifiât trop tôt et ne guérît trop vite, lui imposaient deux mois de guerre civile, accompagnée d'assassinats et d'incendies? Chez ceux, en un mot, qui se sont le moins servis de leurs armes pour défendre Paris et la France, et qui s'en sont le plus servis pour les désoler?

» Et d'un autre côté, quels sont ceux qui, non pas seuls sans doute, mais enfin aussi déterminés que personne, ont volontairement pris les armes pour la France? Ces zouaves pontificaux, qui, après avoir presque seuls défendu Rome,

sont venus défendre la France, comme s'ils étaient prédestinés à être la dernière espérance de ceux qui vont mourir : ces volontaires, quel que fût leur nom, gentilshommes, bourgeois, vendéens, royalistes, impérialistes, peu importe, qui

ont pris les armes pour la France en république, parce que c'était toujours la France; ceux qui dans Paris ont, non seulement combattu l'ennemi du dehors, mais aussi réprimé l'ennemi du dedans, et cela au profit de ce gouvernement qu'ils n'avaient point fait : ceux dont les baïonnettes ont défendu la personne des dictateurs d'alors, ministres aujourd'hui et armés en guerre contre leurs défenseurs d'autrefois; ces hommes qui ont défendu contre la révolution un pouvoir né de la révolution, qui sont-ils? Et, dans un autre ordre de faits, s'il s'agit des secours aux blessés, du courage de l'infirmier, égal en temps de guerre au cou-

rage du soldat; quel individu ou quelle corporation a mérité ce prix de dévouement que l'Académie, appelée à en juger, n'a trouvé à décerner à d'autres qu'aux Frères de la doctrine chrétienne? Et qui, en temps de paix ou en temps de guerre, dans les villes ou les campagnes, est plus sujet à fonder gra-

tuitement des écoles, à secourir gratuitement les malades, à assister les pauvres, à élever les orphelins? Est-ce la France athée ou la France chrétienne? »

Il y a dans ce passage toute notre thèse.

Nous reconnaissons, nous aussi, que partout « des traits de patriotisme, de dévouement et de courage » se sont produits, et nous n'aurions même pas rappelé ceux dont l'honneur nous revient, si l'on ne nous y eût forcé.

Mais on les a niés : nous les avons prouvés. On a accusé la France chrétienne de trahison, nous avons répondu en découvrant sa poitrine et en montrant ses blessures.

Ces glorieuses blessures ont parlé : la preuve est faite et le patriotisme de la France chrétienne démontré.

C'est dans les bras de cette France que nos soldats, renversés par les balles prussiennes, sont tombés sur le champ de bataille ; c'est elle qu'ils ont vue penchée sur leurs souffrances dans l'hôpital et dans la casemate ; c'est d'elle enfin

qu'ils ont souvent appris à mourir sans peur et sans reproche devant l'ennemi.

Mourir, ah ! sans doute, ce n'était point un grand sacrifice pour ces religieux dont la pensée mesurait chaque jour l'éternité. Aussi, ne demandaient-ils pas de récompense. Mais, à défaut de récompense, le pays ne devait-il pas au moins le respect à leur vertu ?

Et voilà pourquoi les cœurs généreux se sont remplis de honte autant que de tristesse, en voyant les hommes qui rouvraient les portes de la France aux assassins des Olivaint, des Ducoudray et des Captier, expulser de l'hôpital

et de l'école la Sœur de charité et chasser de leurs pauvres cellules les maîtres des Charette, des Troussures et des Verthamon.

Mais la charité va plus loin que la haine et, dans le cœur des religieux, il n'y a point place à l'amertume. Vienne de nouveau l'épreuve et, au premier appel, on retrouvera les

expulsés d'hier tout prêts à se dévouer encore, parce qu'ils le sont toujours, dès qu'il y a une douleur à consoler, un sacrifice à faire, des larmes à sécher.

DEVANT L'ENNEMI. 20

L'injustice ne les aura pas aigris et la violence n'aura point prévalu contre eux. Comme ces épaisses forêts des Alpes, au-dessous desquelles les plus terribles orages passent en grondant, sans faire autre chose contre elles que les ravir un moment à tous les regards, les ordres religieux ont peu à craindre des passions de la terre, parce qu'ils sont plus haut qu'elles, voisins du ciel. L'orage passera, ils demeureront, et, un jour, la France leur rendra justice, parce que, d'instinct, elle la rend tôt ou tard à qui la mérite, et que, d'ailleurs, à défaut de cet instinct, ils auraient toujours, pour faire éclater dans l'histoire la sainteté de leur cause, deux grands justiciers : le temps et Dieu.

TABLE DES MATIÈRES

Préface.. 1

LIVRE PREMIER
LE CLERGÉ RÉGULIER

I-II. — Le clergé au début des hostilités. — Pétitions des évêques. — Premiers revers. — Mgr Freppel. — Mgr David. — Capitulation de Metz. — Lettre des séminaristes de Saint-Brieuc. — S. E. le cardinal Donnet......................... 4-14

III. — Les grands séminaires transformés en ambulances. — Les évêchés et les églises mis à la disposition des autorités militaires et des blessés. — L'église de Givonne après la bataille de Sedan. — Lettre de remerciement de M. La Vieille à l'évêque de Coutances. — Après avoir donné leurs palais, les évêques exposent leur vie elle-même. — Mgr Meignan. — Mgr Landriot. — Il sauve la vie au préfet de l'Oise. — Les évêques font réduire les contributions de guerre. — S. E. le cardinal Guibert. — S. E. le cardinal de Bonnechose... 15-24

IV. — Dévouement du clergé paroissial. — Le vicaire de Courbevoie et le curé d'Airaines.

— Curés envoyés prisonniers en Allemagne. — Les curés de Sarreguemines et de Foulquemont. — Le prêtre en campagne. — L'abbé Jégal, au combat de Droué. — L'abbé d'Hulst à l'armée de Châlons. — Ambulance de Mouzon. — Sedan............ 25-37

V. — Les aumôniers volontaires après le 4 septembre. — Le prêtre sur le champ de bataille. — Mort de l'abbé Fère. — L'abbé Gros est tué à Avron et l'abbé Fonqueray au plateau d'Auvours. — L'abbé de Beuvron à Frœschwiller................. 38-48

VI. — L'abbé Allard est blessé à Buzenval. — Le curé de Moigny est fait prisonnier par les Prussiens. — Le curé de Bazeilles pendant la défense du village. — Prisonniers sauvés par un prêtre. — Exécution de l'abbé Miroy. — Dévouement de l'abbé Cor et d'un grand nombre de ses collègues. — Le curé des Horties.................... 48-65

LIVRE DEUXIÈME
LE CLERGÉ SÉCULIER

I-II. — Le sacrifice, essence même de la vie religieuse. — Attaques de la presse contre les religieux. — Collège mis à la disposition des blessés. — La Trappe des Dombes. — Départ des réservistes. — L'abbaye est transformée en ambulance. — Mort du R. P.

abbé. — La Trappe d'Aiguebelle. — Les Moines soldats. — Le Frère Maxime à la bataille de Dijon. — Il prend le commandement de sa compagnie. — Il est tué sur une barricade à Paris. — Les Trappes de Sept-Fonds, de la Grâce-de-Dieu et de Port-du-Salut. — Les prêtres de la Miséricorde à Orléans. — Religieux aumôniers sur la Loire et dans l'Est. — Le P. Louis Antoine, Capucin, fait prisonnier à Meung-sur-Loire.— Le P. Gelon, Eudiste. — Le P. Dulong de Rosnay à Sedan et à Bourges. — Mort du supérieur des Récollets et du P. de Layre, de l'Oratoire. — Le F. Jardiné, Jésuite, tué à Cravant. — Les P. P. Mercier et Jouin, Dominicains, blessés à Villers-Bretonneux. — Les Dominicains d'Arcueil à Châtillon.. 69-88

III. — Les religieux auprès des soldats prisonniers en Allemagne. — Profonde misère de ces prisonniers. — L'armée aux mains des Prussiens, après Sedan. — Les aumôniers distribuent des rations de pain aux prisonniers. — Arrivée des premiers convois en Allemagne. — La fièvre et la petite vérole éclatent parmi les prisonniers. — Dévouement des aumôniers. — Le P. Joseph, Barnabite, se joint à la garnison de Strasbourg après la reddition de la place. — Il est interné à Ulm. — Il distribue à lui seul plus de 150 000 francs aux prisonniers.................................. 89-98

IV. — Il fonde une bibliothèque. — Il crée l'Œuvre des Tombes. — Pendant ce temps, les nouveaux maîtres de la France envahissent les préfectures et les parquets. — Dépenses faites à la préfecture des Bouches-du-Rhône, en deux mois, pour le service du haut personnel).................. 98-105

V. — Les Jésuites. — Les Jésuites aumôniers. — Saint-Quentin et Villers-Bretonneux. — Le P. Arnold à Laon. — Les P. P. de Réneville et de Damas, à Belfort. — Le P. Vautier à Pont-Noyelles. — Le P. de Rochemonteix, à Orléans. — Les Jésuites du Mans mettent le collège Sainte-Croix à la disposition de l'intendance. — L'ambulance de la mission. — Le R. P. du Lac. — Les zouaves pontificaux à Sainte-Croix. — Bataille du Mans. — Les Jésuites arrêtés et emprisonnés à Marseille et à Lyon. — Les collèges d'Iseure, de Montauban, de Sarlat, de Poitiers, de Vals, de Toulouse, de Bordeaux, de Saint-Étienne, de Dôle, de Mongré et d'Amiens, deviennent des ambulances........................ 105-125

VI. — Ambulance de la rue de Sèvres. — Le P. Alexis Clerc, directeur d'ambulance au collège de Vaugirard. — L'ambulance de la rue des Postes. — Deux religieux traversent les lignes prussiennes. — Religieux mis au service du comité des fortifications. — Religieux aumôniers. — Buzenval. — Châtillon. — Le P. Tanguy à Champigny et au Bourget. — Le P. de Bengy à l'armée de Châlons et pendant le siège...... 126-143

VII. — Les Jésuites de Metz pendant le siège. — Le collège Saint-Clément transformé en ambulance. — Reconnaissance des officiers. — Mort du docteur Warin et de plusieurs religieux. — Monument élevé dans la chapelle par les officiers. — Le R. P. Stumpf pendant la guerre. — La loi d'expulsion appliquée aux Jésuites de Metz. — Adieux des curés de la ville. — Lettre de l'évêque de Metz. — Députation des ouvriers catholiques.—Lettre d'adieu des élèves. 143-159

LIVRE TROISIÈME

LES FRÈRES DES ÉCOLES CHRÉTIENNES

I. — Les Frères au commencement de la guerre. — Le F. Philippe, supérieur général, met à la disposition du ministre de la guerre toutes ses maisons. — Ambulances desservies par les Frères. — Pavillons de Longchamp.................. 163-168

II. — L'ambulance de Longchamp pendant la Commune. — Les Frères au combat de Messigny. — Les Frères à Verdun, à Lauvac, à Dreux et à Pourru-Saint-Rémy.— Vingt d'entre eux meurent au chevet des blessés. — Le Frère Baudime et le docteur

Ricord. — Le Frère Philippe est décoré. — Les Frères, les jours de bataille. 159-178

II. — Les Frères sur le champ de bataille. — Les Frères à Champigny et à Châtillon. — Le F. Nétheline est tué au Bourget. —

Lettre de M. J. Ferry. — Témoignages de la presse en faveur des Frères. — Les Frères ensevelissent les morts de Champigny. — L'Académie leur décerne le grand prix de la ville de Boston 178-188

LIVRE QUATRIÈME

LES SŒURS DE CHARITÉ

I. — La Sœur de charité dans l'hôpital. — Les religieuses de Saint-Joseph-de-Cluny. — L'ambulance de la rue Méchain. — Les Dames du couvent des Oiseaux de la rue de Sèvres. — Les religieuses de l'Abbaye-aux-Bois. — Les Filles de la Charité. — Rapport du Comité des ambulances de la Presse. — Ambulances établies dans les maisons religieuses à Paris.................. 191-200

II-III. — Les ambulances dans les couvents de la province. — Les ambulances dans les couvents d'Orléans. — Misère des soldats vers la fin de la guerre. — Infirmités qui en furent la suite. — Les Sœurs de Sainte-Chrétienne. — Les Sœurs de Saint-Charles. — Les Dominicaines de Langres. — Les religieuses de Bordeaux, de Troyes, etc... — Les Sœurs de charité à l'hôpital des vario-

leux de Bicêtre. — En huit jours, onze d'entre elles meurent près de leurs malades. — La Sœur Saint-Hippolyte à l'hôpital de Sedan. — La Sœur Labatut est mise à l'ordre du jour de l'armée, à Neuvy-sur-Loire...................... 201-212

IV. — La Sœur de charité sur le champ de bataille. Combat de Forbach et mort de la supérieure des Sœurs de la Providence. — Reischoffen. — La sainte mutilée de Gravelotte...................... 213-216

V. La Sœur Sainte-Claire, à Rezonville. — Les Sœurs de l'hôpital de Péronne, pendant le bombardement. — Les religieuses de Châteaudun pendant la défense de la ville. — Une Antigone chrétienne...... 217-227

LIVRE CINQUIÈME

LES ÉLÈVES DES COLLÈGES RELIGIEUX

I. — Calomnie officielle. — L'École Sainte-Geneviève. — Le lieutenant A. de Nyven-

heim. — Sa mort à Gravelotte. — Harold de Lastic. — Le lieutenant prince de

310   DEVANT L'ENNEMI.

Berghes. — Le lieutenant de Vésins. — Déclaration de la guerre. — Premiers désastres. — Le lieutenant de Vésins à Gravelotte. — Sa mort 231-244

II. — « Qui craint Dieu n'a pas peur du canon. » — La veille de Borodino. — Forbach. — Le franc-tireur Paul Henry. — Le capitaine d'Épinay. — Dernière lettre et mort du capitaine Maurice de Laumière. — Alliance de la foi et du patriotisme dans le cœur du soldat chrétien. — Le lieutenant Georges Aubry à Vendôme. — Le commandant de Rodellec. — Georges Bell. — Léopold Dat. — Charles de Mons. — Le 4ᵉ chasseurs d'Afrique à Sedan. — Charge héroïque de la division Margueritte. — Le lieutenant de Boisayrault. — Les lieutenants de Beauregard et de Vergennes. — Le 37ᵉ de ligne sur le plateau de Floing. — Mort du lieutenant de la Begassière. 245-262

III. — Le capitaine adjudant-major René de Boysson au combat de la Malmaison. — Le lieutenant Maurice de Boysson à Fréteval. — Le capitaine de la Frégeolière au combat de Béhagnies. — Edgard de Saisset à Montrouge. — Paul Odelin. — Le lieutenant Garnier au plateau d'Auvours. — Robert Didio. — Ulric Stoffels. — A. Thierret. — Mort du duc de Luynes à la bataille de Loigny. — Un glorieux martyrologe. — Quelques noms encore............ 263-283

IV. — Les zouaves pontificaux. — Patay. — De Thiennes. — Le capitaine Lallemand sur le plateau d'Auvours. — Le commandant Le Gonidec de Tressan. — Le général de Charette. — Déposition du général Gougeard. — Ordres du jour des généraux Jaurès, de Curten et de Cissey. — Quelques dépêches relatives à l'armée des Vosges. 284-306

TABLE DES GRAVURES

Préface 1

Attributs guerriers, cul-de-lampe, dessins de M. Yan d'Argent, gravure de M. Sargent.

LIVRE PREMIER
LE CLERGÉ RÉGULIER

I

Le patriotisme du curé de Gunstatt, dessin de M. Fesquet, gravure de M. Froment.. 3
Couronne, dessin de M. Fesquet, gravure de M. Désiré Dumont................ 4

II

Attributs guerriers, dessin de M. Yan d'Argent, gravure de M. Sargent............ 5
Les armes du prêtre, dessin de M. Fesquet, gravure de M. Bervellier............ 6
Branche d'olivier, dessin de M. Fesquet, gravure de M. Bervellier............... 8
Portrait de Mgr Freppel, dessin de M. Mathieu, gravure de M. Chapon............ 9
Metz, dessin de M. Julien, gravure de M. Sargent....................... 11
Un champ de blé au mois d'août 1870, dessin de M. Edwards, gravure de M. Sargent. 14

III

Attributs d'ambulance, dessin de M. Julien, gravure de M. Farlet............... 15
Les blessés dans la chapelle de Pont-à-Mousson, dessin de M. Poirson, gravure de M. Vintraut........................ 17

Mgr Landriot otage des Prussiens sur les voies ferrées, dessin de M. Poirson, gravure de M. Vintraut................. 21
Mgr Guibert faisant réduire la contribution de guerre de la ville de Tours, dessin de M. Poirson, gravure de MM. Navellier et Marie............................ 23
Canon brisé, dessin de M. Edwards, gravure de M. Bervellier.................. 24

IV

Un champ de bataille sous la neige, dessin de M. De Bar, gravure de M. Farlet.. 25
Engins de guerre, dessin de M. Fesquet, gravure de M. Mauduit............... 27
Drapeau d'ambulance, dessin de M. Fesquet, gravure de M. Bervellier........... 28
À moi mon aumônier (champ de bataille la nuit), dessin de M. Poirson, gravure de M. Paris........................... 29
Sur une tombe, dessin de M. Edwards, gravure de M. Bervellier.................. 30
L'aumônier militaire, dessin de M. Martin, gravure de M. Martin............... 31
(Brisons, brisons), 2 septembre 1870, dessin de M. Ferat, gravure de M. Farlet... 36
Consolation dernière, dessin de M. Fesquet, gravure de M. Horric.............. 37

V

Le dernier souvenir, dessin de M. De Bar, gravure de M. Leray.................. 38
La mort d'un aumônier militaire, dessin de M. Martin, gravure de MM. Navellier et Marie......................... 40
Mort de l'abbé Fouqueray sur le plateau d'Auvours, dessin de M. Ferat, gravure de M. Paris........................ 42
Je venais d'être apporté à l'ambulance, dessin de M. Poirson, gravure de M. Bervellier......................... 43
Ce que je vis dans une grange, dessin de M. Poirson, gravure de M. Bervellier.. 45
L'abbé de Beuvron transportant ses blessés hors de l'église en feu, dessin de M. Fesquet, gravure de M. Froment............ 47

VI

Attributs guerriers, dessin de M. Yan d'Argent, gravure de M. Sargent..... 49
Le curé de Moigny prisonnier des Prussiens, dessin de M. Fesquet, gravure de M. Sargent............................ 50
Le curé de Bazeilles devant le conseil de guerre prussien, dessin de M. Ferat, gravure de M. Paris.................... 53
Sur le coup de minuit, une voix dit : Chasseurs, chasseurs................ 55
Les prêtres pendant l'occupation prussienne......................... 58
Une substitution héroïque, dessin de M. Yan d'Argent, gravure de MM. Navellier et Marie.............................. 63
Gloria victis, dessin de M. Poirson, gravure de M. Leveillé.................... 65

LIVRE DEUXIÈME

LE CLERGÉ SÉCULIER

I

Les Dominicains d'Arcueil à Châtillon, dessin de M. Fesquet, gravure de MM. Navellier et Marie......................... 69

II

Attributs guerriers, dessin de M. Yan d'Argent, gravure de M. Sargent............. 72
Le Père Augustin travaille au desséchement des marais, dessin de M. Martin..... 73
La salle capitulaire de l'abbaye des Dombes, dessin de M. Martin, gravure de M. Chapon............................... 73
Le pain des forts, dessin de M. Martin. 74
Le Père Augustin reçoit et soigne les varioleux, dessin de M. Martin......... 75
Mort du Père Augustin, dessin de M. Martin............................... 75
Les Moines de l'abbaye d'Aiguebelle faisant l'exercice, d'après une photographie prise sur nature, dessin de M. Nielsen, gravure de M. Farlet...................... 76
Le Frère Maxime, lieutenant, tué en attaquant une barricade, dessin de M. Poirson, gravure de MM. Navellier et Marie......... 79
Une surprise, dessin de M. Poirson.... 81
Uhlan en reconnaissance, dessin de M. Poirson................................ 83
Le Père Dulong de Rosnay donnant la sépulture à des cadavres restés dix jours sur le champ de bataille, dessin de M. Poirson, gravure de M. Vintraut............... 85
La mort et la vie, dessin de M. E. d'Avesne, gravure de M. Sargent............. 86
Portrait de S. E. le cardinal Guibert, dessin de M. Mathieu, gravure de M. Chapon............................... 87

III

Hiver 1870-1871, dessin de M. De Bar, gravure de M. Farlet.................. 89
L'armée française le lendemain de la bataille de Sedan, dessin de M. Julien, gravure de M. Vintraut......................... 91
Les aumôniers, dessin de M. Fesquet, gravure de M. Navellier................... 92
Les lits étaient dans la boue, dessin de M. Poirson, gravure de M. Bervellier. 93

Type d'officier français, dessin de M. Poirson, gravure de M. Bervellier............ 95
Un camp dessiné d'après nature, dessin de M. Julien, gravure de M. Horrie 97
Soldat prussien, dessin de M. Fesquet, gravure de M. Froment................ 98

IV

L'œuvre des tombes, dessin de M. De Bar, gravure de M. Leray............... 99
Sabre au repos, dessin de M. Poirson, gravure de MM. Navellier et Marie 101
Porte-feuille, dessin de M. Poirson, gravure de MM. Navellier et Marie......... 102
Un peu de gaîté, dessin de M. Poirson, gravure de MM. Navellier et Marie...... 103
Zouave blessé, dessin de M. Fesquet, gravure de M. Froment................... 104
Canon prussien, dessin de M. Poirson.. 105

V

Attributs guerriers, dessin de M. Yan d'Argent, gravure de M. Sargent............. 106
Collège des Jésuites (Bordeaux), dessin de M. Fichot, gravure de M. Bervellier. 107
Jésuite sous la mitraille, dessin de M. Fesquet, gravure de M. Sargent............ 108
Deux uhlans, dessin de M. Fesquet, gravure de M. Sargent................... 110
Zouave mort, dessin de M. Fesquet, gravure de M. Froment................... 111
Zouaves pontificaux rapportés à Sainte-Croix après le combat de Patay, dessin de M. Poirson, gravure de M. Froment... 113
Le R. P. du Lac et le lieutenant Benoit, dessin de M. Poirson, gravure de M. Leveillé.................................. 115
Collège des Jésuites (Poitiers), dessin de M. Fichot, gravure de M. Artigas.... 116
Collège des Jésuites (Toulouse), dessin de M. Fichot, gravure de M. Mauduit.... 118
Collège des Jésuites (Avignon, Vieille-Tour), dessin de M. Karl Fichot, gravure de M. Horrie............................ 119
Le collège des Jésuites (Saint-Joseph-de-Tivoli) devenu ambulance et caserne, dessin de M. Fichot, gravure de M. Farlet...... 121
Collège des Jésuites (Mongré), dessin de M. Fichot, gravure de M. Mauduit.. 122

Les mobilisés pillant, saccageant le collège de Mongré, dessin de M. Julien, gravure de M. Horrie........................ 122
Drapeau d'ambulance, dessin de M. Fesquet, gravure de M. Bervellier............. 123
Les pigeons porteurs de dépêches, dessin de M. Edwards, gravure de M. Sargent.. 125

VI

Trophée d'ambulance, dessin de M. Julien, gravure de M. Farlet............... 126
Collège de Vaugirard, dessin de M. Fichot, gravure de M. Farlet................ 127
Portrait du P. Clerc, dessin de M. E. Mathieu, gravure de M. Chapon............ 129
L'abbé C. et le Père de Regnon, Jésuite, à Châtillon, dessin de M. Julien, gravure de M. Farlet...................... 135
Le Père Tanguy remet au 108e de ligne dix prisonniers allemands, dessin de M. Poirson................................ 136
École des Jésuites de la rue des Postes, côté du jardin, dessin de M. Fichot, gravure de M. Leveillé....................... 137
Portrait du Père de Bengy, dessin de E. Mathieu, gravure de M. Chapon........ 139
La reconnaissance des blessés, dessin de M. Poirson, gravure de M. Chapon... 140

VII

Trophée militaire, dessin de M. Yan d'Argent, gravure de M. Sargent............. 144
Le docteur présente à M. le maire le professeur de philosophie, dessin de M. Fesquet, gravure de M. Horrie................ 147
Les Jésuites sur le champ de bataille, dessin de M. Fesquet, gravure de M. Horrie. 149
Décoration du docteur Warin, dessin de M. Fesquet, gravure de M. Froment.. 150
Cathédrale de Strasbourg, dessin de M. Fichot, gravure de MM. Navellier et Marie.... 153
Le R. P. Stumpf allant de forteresse en forteresse porter des secours aux prisonniers, dessin de M. Poirson............... 154
Des cœurs français, dessin de M. Poirson.................................. 158
Gloria victis, dessin de M. Poirson, gravure de M. Leveillé.................... 159

DEVANT L'ENNEMI.

LIVRE TROISIÈME

LES FRÈRES DES ÉCOLES CHRÉTIENNES

I

Les Frères brancardiers sur le plateau de Châtillon, dessin de M. Fesquet, gravure de M. Horrie............... 163
Les Frères près des blessés, dessin de M. Poirson................... 166
Trois cents Frères des écoles chrétiennes se rendaient sur le champ de bataille les jours de combat, dessin de M. Fesquet, gravure de MM. Navellier et Marie......... 167
Frères brancardiers, dessin de M. Fesquet, gravure de MM. Navellier et Marie... 168

II

Trophée d'ambulance, dessin de M. Julien, gravure de M. Farlet............... 169
Voiture d'ambulance, dessin de M. Fesquet, gravure de M. Bervellier........... 171
Les Frères déguisent et font évader soixante-six prisonniers français, dessin de M. Poirson................... 173
Docteur Ricord remerciant le Frère Baudime au nom de la France, dessin de M. Fesquet, gravure de M. Vintraut............... 175
Une voiture d'ambulance arrêtée par les Prussiens, dessin de M. Poirson..... 178

III

La neige, dessin de M. De Bar, gravure de M. Farlet.................. 179
Le calme des Frères devant la mitraille, dessin de M. Fesquet, gravure de M. Horrie.................. 180
Les avant-postes, dessin de M. Poirson. 186
La Fourche, journée du 8 décembre 1870. 187
Les Frères enterrant les morts, dessin de M. Julien, gravure de M. Johannot... 187
Gloria victis, dessin de M. Poirson, gravure de M. Leveillé..................

LIVRE QUATRIÈME

LES SŒURS DE CHARITÉ

I

Combat de Forbach. Sœur de charité tuée par une balle pendant qu'elle soignait un blessé, dessin de M. Fesquet, gravure de M. Sargent................... 191
Couvent des Dames de Saint-Joseph-de-Cluny converti en ambulance, dessin de M. Fichot, gravure de M. Tauxier............ 193
Le premier brancard à la rue Méchain, dessin de M. Poirson, gravure de M. Fromont.................... 195
Couvent des Oiseaux de la rue de Sèvres transformé en ambulance, dessin de M. Fichot, gravure de M. Mauduit........ 197
Il n'y a que chez les Sœurs qu'on est bien soigné, disait un autre, dessin de M. Julien, gravure de M. Horrie............ 198
Sœur de charité sur le champ de bataille, dessin de M. Fesquet, gravure de M. Horrie.................. 199

II

Trophée d'ambulance, dessin de M. Julien, gravure de M. Farlet............... 201

III

La neige, dessin de M. De Bar, gravure de M. Farlet.................. 203
Les tentes et les vêtements militaires en 1870, dessin de M. Julien, gravure de M. Horrie.................. 204
Portrait de S. E. le cardinal Donnet, dessin de M. E. Mathieu, gravure de M. Chapon..................... 207

TABLE DES GRAVURES

Les Sœurs de charité près des varioleux, dessin de M. Semechini, gravure de MM. Navellier et Marie............ 209
Les Sœurs de charité à Nevers soignent 3000 varioleux, dessin de M. Semechini, gravure de MM. Navellier et Marie.. 210
Trophée militaire, dessin de M. Yan d'argent, gravure de M. Sargent............. 213
La sainte mutilée de Gravelotte, dessin de M. Semechini, gravure de M. Coste.. 215
Canon prussien, dessin de M. Poirson.. 216

V

La tombe, dessin de M. De Bar, gravure de M. Leray............. 217

La grange de Rezonville, dessin de M. Poirson gravure de M. Froment............ 218
Sœur Sainte-Claire, Trinitaire, allant puiser de l'eau sous la mitraille, dessin de M. Julien, gravure de M. Vintraut............. 219
Mort de la Sœur Sainte-Claire, dessin de M. Julien, gravure de M. Bure....... 220
Le bombardement dans l'hôpital des Sœurs de charité de Péronne, dessin de M. Semechini, gravure de MM. Navellier et Marie.................. 221
Les Sœurs à Châteaudun, dessin de M. Fesquet, gravure de M. Horrie......... 222
Une Antigone chrétienne, dessin de M. Nielsen, gravure de M. Vintraut............. 225
Gloria victis................. 227

LIVRE CINQUIÈME

LES ÉLÈVES DES COLLÈGES RELIGIEUX

I

Mort des deux frères de Nyvenheim à Gravelotte, dessin de M. Fesquet, gravure de M. Bervellier................. 231
Observatoire de l'École Sainte-Geneviève, rue des Postes, dessin de M. Fichot, gravure de M. Horrie................ 233
« Fais ton devoir », dessin de M. Fesquet, gravure de M. Sargent............. 234
Un jeune héros, dessin de M. Poirson... 235
Portrait du lieutenant prince de Berghes, dessin de M. E. Mathieu, gravure de M. Chapon.................. 237
Un engagement, dessin de M. Fesquet, gravure de M. Sargent............. 240
Portrait du lieutenant de Vésins, dessin de M. E. Mathieu, gravure de M. Chapon. 241
Tournez ma tête du côté du combat afin que je puisse savoir si nous sommes victorieux, dernières paroles du lieutenant de Vésins, dessin de M. Semechini, gravure de M. Vintraut................. 243

II

La tombe, dessin de M. De Bar, gravure de M. Leray................. 245
Procession dans le camp russe la veille de la bataille de Borodino, dessin de M. Julien, gravure de M. Horrie............. 246
Le franc-tireur Paul Henry, dessin de M. E. d'Avesne................ 248
Portrait du capitaine de Laumière, dessin de M. E. Mathieu, gravure de M. Chapon................. 249
Le lieutenant Georges Aubry, blessé mortellement en avant de Vendôme, dessin de M. Julien, gravure de M. Bure....... 252
Portrait du lieutenant Georges Aubry, dessin de M. E. Mathieu, gravure de M. Chapon................ 253
Mort du commandant de Rodellec, dessin de M. Fesquet, gravure de M. Horrie... 255
Après le combat, dessin de M. Poirson, gravure de M. Froment.............. 256
Sedan, le maréchal de Mac-Mahon au milieu de son état-major, les premiers blessés, dessin de M. Semechini, gravure de M. Leveillé................. 257
Le lieutenant de Boisayrault, dessin de M. E. d'Avesne................ 259

III

Attributs guerriers, dessin de M. Yan d'Argent, gravure de M. Sargent............ 263

Les marins du capitaine de la Frégeolière, dessin de M. Poirson, gravure de MM. Navellier et Marie.................. 266
Portrait du duc de Luynes, dessin de M. E. Mathieu, gravure de M. Chapon..... 269
Statue du R. P. Ducoudray, élèves 1870, maîtres 1871, Mathieu inv., dessin de M. Fesquet, gravure de M. Vintraut......... 278
Collège Sainte-Geneviève (rue des Postes), transformé en ambulance, cour d'entrée, dessin de MM. Tofani et Fichot, gravure de M. Farlet.......................... 278
Charge de cuirassiers, dessin de M. Semechini, gravure de M. Leveillé........ 279
Portrait de S. E. le cardinal Desprez, dessin de M. E. Mathieu, gravure de M. Chapon 281
Collège des Jésuites à Saint-Affrique, dessin de M. Fichot, gravure de M. Artigas. 283

IV

Trophée de guerre, dessin de M. Yan d'Argent, gravure de M. Sargent..... 284
Les zouaves à Cercottes, dessin de M. Poirson..................... 286
Les zouaves pontificaux à Patay, dessin de M. Poirson, gravure de M. Thomas... 287

V

Trophée d'ambulance, dessin de M. Julien, gravure de M. Farlet.. 293
Les garibaldiens assassinant et pillant à Lyon, dessin de M. Julien, gravure de M. Horric. ...., 295

VI

La neige, dessin de M. De Bar, gravure de M. Farlet.......................... 299
Résumé général 300

PARIS. — IMPRIMERIE EMILE MARTINET, RUE MIGNON, 2.

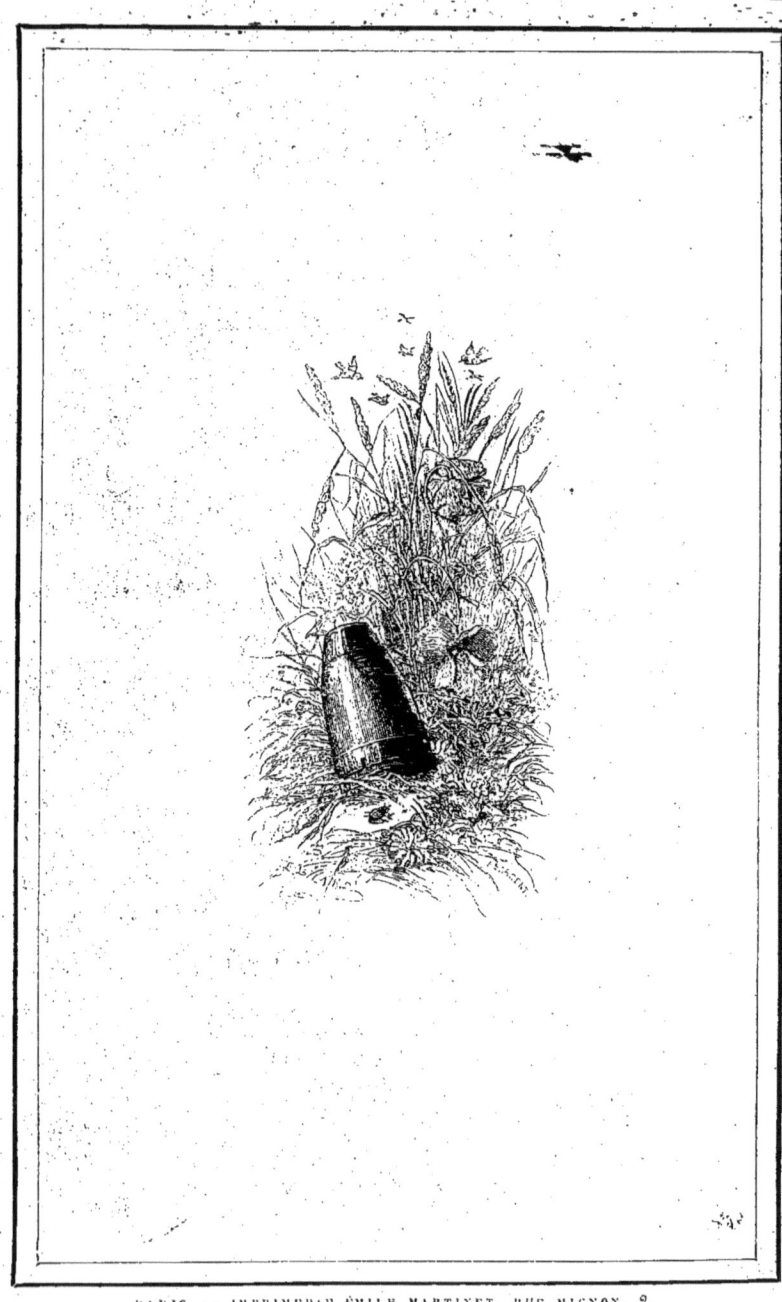

PARIS. — IMPRIMERIE ÉMILE MARTINET, RUE MIGNON, 2.

www.ingramcontent.com/pod-product-compliance
Lightning Source LLC
Chambersburg PA
CBHW070623160426
43194CB00009B/1353